Gesprächsführung in der Lernprozessbegleitung

Lerngespräche kompetenzorientiert führen

Aus- und Weiterbildungspädagoge:in

Essential

Impressum

Herausgeber

GAB München – Gesellschaft für Ausbildungsforschung und Berufsentwicklung eG

Autor:innen

Barbara Burger, Jost Buschmeyer, Angelika Dufter-Weis, Elisa Hartmann, Kristina Horn, Nathalie Kleestorfer-Kießling, Florian Martens, Nicolas Schrode

(Empfohlene Zitierweise: Burger, Barbara | Buschmeyer, Jost | Dufter-Weis, Angelika | Hartmann, Elisa | Horn, Kristina | Kleestorfer-Kießling, Nathalie | Martens, Florian | Schrode, Nicolas (2021): Gesprächsführung in der Lernprozessbegleitung – Lerngespräche kompetenzorientiert führen. Essentials Aus- und Weiterbildungspädagoge:in. Bielefeld: wbv Publikation.)

Dieses Essential gehört zu der Reihe „Essentials Aus- und Weiterbildungspädagoge:in".

Bibliografische Informationen der Deutschen Bibliothek

Die Deutsche Bibliothek verzeichnet diese Publikationen in der deutschen Nationalbibliografie; detaillierte bibliografische Daten sind im Internet über http://dnb.ddb.de abrufbar.

Bestell-Nr.: 6004813
ISBN (Print): 978-3-7639-6227-3
ISBN (E-Book): 978-3-7639-6228-0
© 2021, 1. Auflage, wbv Publikation, ein Geschäftsbereich der wbv Media GmbH & Co. KG, Bielefeld

Layout: Niels Knudsen, Barbara Koiramäki (Koiramäki Design)
Illustrationen: Elisa Hartmann

Printed in Germany

Vorwort

Dieses Essential gehört zu der Reihe „ Essentials Aus- und Weiterbildungspädagoge:in", in der Sie die Expertise der GAB München für das praktische Umsetzen in der Berufsbildungsarbeit auf den Punkt gebracht finden.

Die Essentials dienen der gezielten Vorbereitung auf die IHK-Abschlüsse „Gepr. Aus- und Weiterbildungspädagoge:in" sowie „Gepr. Berufspädagoge:in". Darüber hinaus finden Sie in dieser Reihe viele Anregungen für Ihr eigenes berufspädagogisches Handeln.

Das vorliegende Essential beschäftigt sich damit, welche herausfordernden Situationen beim Lernen der Auszubildenden auftreten können und wie eine angemessene Begleitung aussehen kann. Dabei beleuchtet es die Chancen, die in moderner Ausbildung – verstanden als Lernen in realer Arbeit – für die Entwicklung der Kompetenzen und der Persönlichkeit junger Menschen liegen. Darüber hinaus werden zum einen Hinweise darauf gegeben, wie Ausbilder:innen Jugendliche mit Lernschwierigkeiten unterstützen können. Zum anderen widmet sich das Essential auch typischen psychischen Störungen und Suchterkrankungen, die oftmals im Jugendalter auftreten, sowie der Frage, welche Rolle Ausbilder:innen bei besonders herausfordernden Fällen einnehmen können.

Weitere Bände der „Essentials Aus- und Weiterbildungspädagoge:in" sind:

- Lernprozessbegleitung
  Lernen in Arbeitsprozessen kompetenzorientiert gestalten
- Von der Lehr- zur Lernveranstaltung
  Seminare, Workshops und Unterricht kompetenzorientiert gestalten
- Lern- und motivationstheoretische Hintergründe
  Ein Fundus für berufspädagogische Begründungen
- Lernschwierigkeit oder Lernchance?
  Lernen in herausfordernden Lernsituationen begleiten
- Planungsprozesse in der beruflichen Aus- und Weiterbildung
  Kompetenzorientierte Berufsbildung planen und implementieren

Was finde ich in den Essentials:
Aus- und Weiterbildungspädagoge:in?

Eine explorative Studie im Auftrag des Bundesinstituts für Berufsbildung (BIBB) von 2008 ergab, dass die erworbenen Qualifikationen im Rahmen der Ausbilder-Eignungsverordnung (AEVO) zwar eine wichtige Grundlage für die Aufgaben von inner- und außerbetrieblich Ausbildenden sei, dass diese jedoch nicht ausreichten, um heute gute Aus- und Weiterbildungsprozesse in Unternehmen zu gewährleisten.[1] Aus den Erkenntnissen der Studie entstanden die Aufstiegsfortbildungsberufe „Gepr. Aus- und Weiterbildungspädagoge:in" und „Gepr. Berufspädagoge:in".

Die Gesellschaft für Ausbildungsforschung und Berufsentwicklung München (GAB München) hat nicht nur diese Studie im Auftrag des BIBB durchgeführt, sondern auch die Entwicklung der Fortbildungsberufe zunächst in einem Pilotprojekt initiiert und erprobt und später auch die bundesweite Einführung der beiden Fortbildungsberufe maßgeblich begleitet. Dabei sind die Erkenntnisse 40-jähriger wissenschaftlicher (Praxis-) Forschung der GAB München zur berufspädagogischen Arbeit in diesen Prozess eingeflossen und heute in den Fortbildungsberufen festgeschrieben.

In der Veröffentlichungsreihe „Essentials Aus- und Weiterbildungspädagoge:in" haben wir die wesentlichen Erkenntnisse der langjährigen berufspädagogischen Expertise in kompakter Form zusammengefasst und für das praktische Umsetzen in der Berufsbildungsarbeit auf den Punkt gebracht.

Diese Reihe dient der gezielten Vorbereitung auf die IHK-Abschlüsse „Gepr. Aus- und Weiterbildungspädagoge:in" sowie „Gepr. Berufspädagoge:in". Darüber hinaus finden Sie in den unterschiedlichen Bänden dieser Reihe Anregungen für das eigene berufspädagogische Handeln. Und auch hier gilt: Kompetent wird man nur im Tun! Nehmen Sie die Anregungen und Impulse und probieren Sie sie aus.

Unter **www.gab-muenchen.de** finden Sie einen kostenfreien Zugang zu weiteren Produkten, die diese Reihe ergänzen. So zum Beispiel ein Glossar zu berufspädagogischen Fachbegriffen, in dem (prüfungs-) relevante Begriffe kurz und knapp erklärt sind.

Sehen Sie sich hier um und kommen Sie mit uns in den aktiven Austausch!

Der Aufbau der Essentials orientiert sich jeweils an einer Handlungssystematik, d.h. die Reihenfolge der beschriebenen Aspekte und Inhalte ergibt sich weitgehend aus konkreten Handlungsschritten, die in der berufspädagogischen Arbeit aufeinander folgen. Die Systematik des Rahmenlehrplans für die Fortbildungsberufe folgt einer Fachsystematik, die das berufspädagogische Handeln in unterschiedliche fachliche Themen (z.B. „Lernprozesse und Lernbegleitung" oder „Planungsprozesse der betrieblichen Bildung") untergliedert. Für eine bessere Übersicht, welche prüfungsrelevanten Themen in welchem Band angesprochen werden, finden Sie in jedem Band am Ende eine entsprechende Übersicht. Die Prüfungsthemen, die dieser Band beinhaltet, finden Sie hinten im Band.

---

[1] Vgl. Bauer et al., 2008; siehe dazu auch: Brater, 2011.

Inhaltsverzeichnis

Teil 1

Warum ist Kommunikation für Aus- und Weiterbildner:innen
ein wichtiges Thema?

Alle pädagogischen Berufe sind Kommunikationsberufe, denn ihr Medium ist die Begegnung zwischen Menschen. Bei dieser Begegnung wird Beziehung aufgenommen, tauscht man sich aus, erfährt man etwas übereinander, beeinflusst man sich gegenseitig – kurz: Man *kommuniziert*.

Kommunikation ist damit zugleich das wichtigste Werkzeug, um Lernende in ihren Lernprozessen unterstützen zu können. Denn Aus- und Weiterbildner:innen können den Lernenden nicht *in den Kopf schauen*. Wichtige Impulse für ihr pädagogisches Handeln können sie nur im Gespräch mit den Lernenden herausfinden: Was können die Lernenden schon und was möchten sie dazulernen? Wo möchten sie sich entwickeln, was ist ihnen dabei wichtig? Was motiviert, begeistert und fasziniert sie? Was bremst sie eher? Und: Welche Unterstützung wünschen sie sich von Lernbegleiter:innen?

Eine groß angelegte Metastudie des neuseeländischen Pädagogen John Hattie, der insgesamt 50.000 (!) Studien zu Faktoren des Lehr-Lernerfolgs zugrunde liegen, fand heraus: Einer der wichtigsten Faktoren für gelingende Lernprozesse ist die kontinuierliche kommunikative Abstimmung von Lehrenden und Lernenden zu ihrem Lernstand und Lernprozess.[2] Die Studie zeigt damit eindrücklich: Wer Lernende erfolgreich begleiten möchte, muss kompetent sein, (mit Lernenden) angemessen zu kommunizieren.

Besonders für moderne Ausbildungsmethoden wie die Lernprozessbegleitung[3] sind die Gespräche mit den Lernenden ein elementares Instrument. An allen wichtigen Punkten der Lernprozessbegleitung findet ein Gespräch statt. Gespräche sind „das A und O der Lernbegleitung"[4].

Aber welche Art und Weise, miteinander zu reden und in kommunikativen Austausch zu gehen ist besonders hilfreich dafür, Kompetenzentwicklung[5] von Lernenden zu unterstützen?

Dieser Frage geht das vorliegende Essential nach. Beleuchtet werden dafür die wichtigsten wissenschaftlichen Grundlagen von Kommunikation, die dialogische Haltung als Herzstück lernförderlicher Kommunikation sowie ausgewählte Kommunikationsmodelle und Methoden der Gesprächsführung, die sich in der pädagogischen Praxis bewährt haben.

1.1 Was zeichnet Kommunikation grundsätzlich aus?

Auf wichtige *Axiome*, also Grundsätze der Kommunikation, haben Paul Watzlawick und seine Kollegen aufmerksam gemacht:[6]

● **Es ist nicht möglich, nicht zu kommunizieren**

Ein Beispiel: Stellen wir uns vor, eine Lernende betritt einen Seminarraum mit gesenktem Blick, begibt sich in eine leere Ecke des Raumes abseits der anderen Auszubildenden und versinkt dort fast hinter dem Seminartisch. Sie sagt nichts. – Und hat doch viel gesagt. Wir sehen also: Man kann nicht nicht kommunizieren.

Man nennt das auch nonverbale Kommunikation: Auch wenn wir nicht reden, sprechen wir mit unserem Körper (z. B. durch Körperhaltung, Gestik, Mimik, im weiteren Sinn aber auch über Reflexe und Kleidungsstil etc.).

● **Jede Kommunikation hat eine Sach- und eine Beziehungsebene**

Das heißt, es geht in einer Kommunikation nie nur um reine Sachthemen, sondern immer auch um die Beziehung zum/zur Kommunikationspartner:in.

---

[2] Den höchsten Effekt (90%) in Hatties Metastudie hatte die „formative Evaluation des Unterrichts". Damit ist die Aktivität von Lehrenden gemeint, immer wieder in Erfahrung zu bringen, wie gut es den Lernenden gelingt, ihre Kompetenzen mit der Hilfe der Lehrenden weiterzuentwickeln. Einen ebenfalls sehr hohen Effekt hatte „Feedback" (73%). Hattie schreibt dazu: „Wenn Lehrer danach fragen, oder zumindest offen sind für Feedback von den Schülern über das, was sie wissen, was sie verstehen, wo sie Fehler machen, wann sie etwas missverstehen, wann sie nicht interessiert sind – dann können Lehren und Lernen aufeinander abgestimmt werden und wirkungsvoll sein. Feedback an Lehrer hilft, Lernen sichtbar zu machen" (Hattie, 2013: S. 173).

[3] Die für dieses Essential ausgewählten Ansätze zur Gesprächsführung enthalten in besonderem Maße Impulse, die den Ansatz der Lernprozessbegleitung unterstützen. Dieser Ansatz ist im Essential „Lernprozessbegleitung - Lernen in Arbeitsprozessen kompetenzorientiert gestalten" ausführlich beschrieben. Eine kurze Übersicht zu diesem Ansatz findet sich auch am Ende des vorliegenden Essentials.

[4] Schrode, 2018: S. 3

[5] Kompetenzen werden als Selbstorganisationsdispositionen beschrieben (vgl. Erpenbeck et al., 2017: S. XI), als Bündel aus Wissen, Fertigkeiten, Fähigkeiten, Werten und Haltungen, „die ein sinnvolles und fruchtbares Handeln in offenen, komplexen, manchmal auch chaotischen Situationen erlauben, die also ein selbstorganisiertes Handeln unter gedanklicher und gegenständlicher Unsicherheit ermöglichen" (ebd.).

[6] Vgl. Watzlawick/Beavin/Jackson, 1968

Man kann davon ausgehen, dass nur ca. 20 % der Kommunikation auf der Sachebene stattfindet und ca. 80 % auf der Beziehungsebene. Auch Anweisungen, die auf den ersten Blick reine Sachinformationen enthalten, drücken bei näherer Betrachtung eine bestimmte Haltung aus: „Hinsetzen verboten" enthält ein Hierarchiegefälle, ein Denken in ‚Befehl' und ‚Gehorsam'. „Bitte nicht hinsetzen! Frisch gestrichen!" drückt eine ganz andere Haltung aus (Formulierung als höfliche Bitte, erklärende Erläuterung).

● Kommunikation ist immer Ursache und Wirkung

Beispiel: Eine Ausbilderin beschwert sich, einer ihrer Auszubildenden würde sich ständig zurückziehen. Fragt man den Auszubildenden nach diesem Sachverhalt, so gesteht er ein, dass er das tatsächlich tue – und zwar, weil diese Ausbilderin ständig an ihm herumnörgle. Die Ausbilderin nörgelt also und der Azubi zieht sich zurück. Weil er sich zurückzieht, nörgelt sie. Es wird deutlich, dass es sich hier um einen Teufelskreis handelt.

● Kommunikation ist symmetrisch oder komplementär

„Zwischenmenschliche Kommunikationsabläufe sind entweder symmetrisch oder komplementär, je nachdem ob die Beziehung zwischen den Partnern auf Gleichgewicht oder Unterschiedlichkeit beruht."[7]

Der Unterschied zwischen den Partner:innen stellt dabei die Beziehungsgrundlage dar. Eine Ausbilderin ist beispielsweise in der Hierarchie des Betriebes gegenüber ihren Auszubildenden höhergestellt. Bringt sie diese höhere Stellung auch in ihrer Kommunikation mit Auszubildenden zum Ausdruck, so kann von einer komplementären Kommunikation gesprochen werden. Es wird deutlich, dass es ein/e höherstehende/n (einen „superioren") und niedrigerstehende/n („inferioren") Gesprächspartner:in und damit ein Kommunikationsgefälle gibt. Zeigt die Ausbildende ihre höhere Stellung im Gespräch nicht, so kann es *auf Augenhöhe* stattfinden, als ein kommunikativer Austausch unter Kolleg:innen. Es kann dann von einer symmetrischen Beziehung gesprochen werden.[8]

1.2 Was macht Kommunikation komplex (und Verständigung schwierig)?

Um Kommunikationsprozesse zwischen Menschen zu erläutern, bedient man sich häufig des Sender-Empfänger-Modells[9], das aus drei Elementen besteht:

Abb. 1: Sender-Empfänger-Modell

Wichtig ist aber zu berücksichtigen, dass Kommunikation zwischen Menschen nicht rein technisch, z. B. vergleichbar mit einem Radiosender und -empfänger gesehen werden kann. Hier bekommt die oben bereits angeführte Kommunikationsregel besondere Bedeutung, dass eine Nachricht immer aus einer Sach- *und* einer Beziehungsebene besteht.

Das macht Kommunikation sehr viel komplexer. Das liegt nicht zuletzt daran, dass jede kommunizierte Aussage, jede *Botschaft* immer gleich mehrere Aussagen transportieren kann.

Deshalb hat die moderne Kommunikationswissenschaft (insbesondere der Kommunikationswissenschaftler Friedemann Schulz v. Thun[10]) persönliche, psychologische und soziale Einflussgrößen in das Sender-Empfänger-Modell eingearbeitet. Dieses Modell wird als das Vier-Seiten-Modell der Kommunikation bezeichnet:

---

[7] Watzlawick/Beavin/Jackson, 1968: S. 70
[8] Jesper Juul (siehe Juul, 2016) hat dabei den Begriff einer *Gleichwürdigkeit der Beziehung* geprägt – das meint: dadurch, dass beide Gesprächspartner:innen ihre verschiedenen Sichtweisen akzeptieren, respektieren, schätzen und versuchen sie zu verstehen, kann Kommunikation auf Augenhöhe möglich sein, obwohl eine/r der Gesprächspartner:innen formell ‚über dem/ der Anderen' steht (vgl. Schrode, 2013: S. 3).
[9] Das Sender-Empfänger-Modell wurde ursprünglich vom britischen Soziologen Stuart Hall entwickelt.
[10] Vgl. Schulz von Thun, 1981

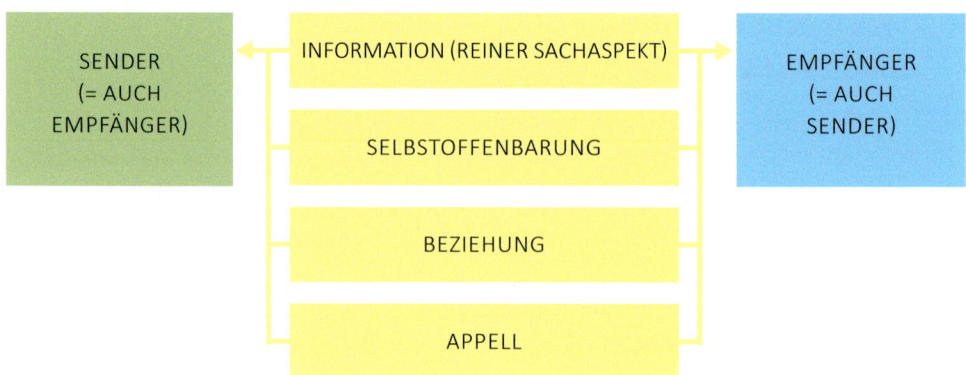

Abb. 2: Vier-Seiten-Modell der Kommunikation

Wenn Menschen miteinander kommunizieren, dann tun sie dies nicht nur auf der *Sach-ebene*, sondern auch auf der *Selbstoffenbarungs-Ebene*, indem sie etwas über sich selbst als Person aussagen, auf der *Beziehungsebene*, indem sie eine Aussage darüber treffen, in welchem Verhältnis sie sich zum Gegenüber stellen und wie sie den/die Gesprächs-partner:in einschätzen und auf der *Appell-Ebene*, indem sie eine Aussage dazu treffen, was sie vom Gegenüber erwarten.

In einem konkreten Gesprächsverlauf sind diese Ebenen eng miteinander verbunden. Um Missverständnisse und eine unklare Kommunikation gerade in schwierigen Situationen zu vermeiden, ist es hilfreich, sich das Vier-Seiten-Modell zu verdeutlichen und sich vorzustel-len, wie vielschichtig und multidimensional ein Gespräch zwischen Menschen ist.

Die vier Ebenen lassen sich folgendermaßen unterscheiden:

1. Worüber ich dich informiere (INFORMATION/ SACHINHALT: „Es ist...").
2. Was ich ausdrücke, was ich von mir offenbare (SELBSTOFFENBARUNG: „Ich bin...").
3. Wie ich zu dir stehe, was ich von dir halte (BEZIEHUNG: „Du bist...").
4. Was ich von dir will (APPELL: „Ich will..., Du sollst...").

Welche komplexen Botschaften zwischen zwei Personen gesendet werden können, zeigen die folgenden Beispiele:

BEISPIEL 1

Ein Ausbilder blickt auf den unordentlichen Arbeitsplatz seiner Auszubildenden, schüttelt den Kopf und verlässt kommentarlos den Raum.

SACHINHALT: „Der Arbeitsplatz ist unordentlich."

SELBSTOFFENBARUNG: „Ich bin genervt von der Unordnung!"

BEZIEHUNGSINHALT: „Du bist faul und unordentlich!"

APPELL: „Räum auf!"

BEISPIEL 2

Eine Trainerin sagt im Seminar während eines Vortrages, bei dem nicht alle Teilnehmenden zuhören: „Wenn diese Inhalte Sie langweilen, können wir auch an anderer Stelle fortfahren."

SACHINHALT: „Wir müssen diese Präsentation nicht durchgehen, wir können auch etwas anderes machen."

SELBSTOFFENBARUNG: „Ich bin unsicher, weil ich Sorge habe, dass ich Sie langweile!"

BEZIEHUNGSINHALT: „Sie schenken mir zu wenig Aufmerksamkeit!"

APPELL: „Bitte hören Sie aufmerksam zu!"

Umgekehrt kann auch der Empfänger einer Botschaft diese auf unterschiedliche Art und Weise wahrnehmen. Schulz von Thun spricht in diesem Zusammenhang davon, dass wir Botschaften mit *vier Ohren* empfangen:

1. Mit einem SACH-OHR: Wie ist der Sachverhalt zu verstehen?
2. Mit einem SELBSTOFFENBARUNGS-OHR: Was geht in ihr/ihm vor?
3. Mit einem BEZIEHUNGS-OHR: Was hält sie/er von mir?
4. Mit einem APPELL-OHR: Was will sie/er bei mir erreichen?

Wenn Aus- und Weiterbildende ebenso wie Auszubildende oder andere Lernende sich darüber bewusst sind, dass ein Appell, den sie vom anderen hören, vielleicht gar nicht als solcher gemeint ist, oder eine Aussage, die sie auf der Beziehungsebene berührt, den Beziehungsaspekt eigentlich gar nicht betonen wollte, dann besteht eine größere Chance Missverständnisse auszuräumen. Die einfachste Art dafür heißt: *Nachfragen*!

Für die oben aufgeführten Beispiele könnte dies folgendermaßen gelingen:

BEISPIEL 1

Auszubildende: „Sie sind vorher einfach kopfschüttelnd rausgegangen – ich vermute, das hatte mit der Unordnung an meinem Arbeitsplatz zu tun?"

Ausbilder: „Gut, dass du es ansprichst – denn den solltest du echt aufräumen. Ich verstehe aber, dass es heute schwierig war, Ordnung zu halten, weil es so drunter und drüber ging. Und ich weiß auch, dass du eigentlich sehr ordentlich arbeitest. Mein Kopfschütteln hatte eigentlich nicht mit dir zu tun, sondern damit, dass ich heute *überall* nur Chaos gesehen habe an diesem turbulenten Tag. Das kam vielleicht falsch rüber."

Auszubildende: „Puh, da bin ich ehrlich gesagt ganz froh, ich dachte nämlich schon, Sie ärgern sich über mich beziehungsweise meine Unordnung!"

BEISPIEL 2

Trainerin: „Sie haben bis jetzt alle nicht so interessiert gewirkt. Einige von Ihnen haben häufiger gegähnt – kennen Sie die Inhalte schon, langweilen Sie sich?"

Ein Teilnehmer: „Nein, …ähm, ich glaube, da bin ich mit für verantwortlich. Ich hatte gestern Geburtstag und wir haben noch ein bisschen gefeiert."

Trainerin: „Okay, danke. Dann kann ich das einordnen. Vielleicht gelingt es Ihnen ja dennoch, die letzten 10 Minuten aufmerksam zu sein."

Die Beispiele zeigen, dass es gar nicht so einfach ist, sich auf Anhieb richtig zu verstehen.

Der Soziologe Niklas Luhmann sagte dazu:

> Kommunikation ist unwahrscheinlich. Sie ist unwahrscheinlich, obwohl wir sie jeden Tag erleben, praktizieren und ohne sie nicht leben würden."[11]

Er verweist damit darauf, dass Kommunikation – wie gerade bereits gesehen – ziemlich voraussetzungsvoll und komplex ist. Das Zustandekommen von Kommunikation ist daher eigentlich ein kleines Wunder – und eine hohe Kunst.

Insbesondere in der Lernprozessbegleitung wird diese *hohe Kunst* zum erfolgskritischen Faktor. Schließlich steht das Lerngespräch, zum Feststellen von Lernanliegen/Lernbedarfen ebenso wie zum Auswerten eines *durchlaufenen* Lernprozesses, im Zentrum der Lernprozessbegleitung. Damit wird es umso wichtiger, dass die Kommunikation gelingt. Die gute Nachricht: Die *hohe Kunst* der Kommunikation kann man üben und Kompetenzen hierfür entwickeln.

[11] Luhmann/Jahraus, 2001: S. 78

Warum ist eine lernförderliche, dialogische Haltung so wichtig **für kompetenzorientierte Lerngespräche?**

Wie kann Kommunikation Lernen fördern? In Kontexten von Lernen, Aus- und Weiterbildung stellt sich besonders die Frage nach der Art und Weise des Kommunizierens.

2.1 Inwiefern ist eine dialogische Haltung eine wichtige Basis für gelingendes Lernen?

Lernen heißt und erfordert zunächst einmal Veränderung. Und um sich verändern zu können, brauchen Lernende ein Klima, in dem sie sich für den Lernprozess öffnen können und sich eingeladen fühlen, selbst aktiv zu werden und mit ihren Lernbegleiter:innen zu kooperieren. Lernbegleiter:innen können die Kompetenzentwicklung oder den Wissenserwerb der Lernenden ja eben nicht von außen herstellen, sondern nur günstige Bedingungen dafür schaffen, dass der/die Lernende sich selbst auf den Weg begibt. Die Qualität der Lehr-Lernprozesse steht und fällt damit, ob eine solche Ermöglichung von Aneignungs- und Kompetenzentwicklungsprozessen gelingt. In der Forschung wurde entsprechend erkannt: Eine einladende, dialogische Haltung kann wesentlich zur Entstehung einer tragfähigen (Lehr-Lern-)Beziehung beitragen und Veränderungsbereitschaft, Lernen, Persönlichkeits- und Kompetenzentwicklung unterstützen.[12]

> Berufliche Handlungskompetenzen kann man nicht einfach »lehren«, sie müssen aktiv gelernt werden. Aus- bzw. Weiterbildung ist eine Art ‚gemeinsame Produktion' von Kompetenzen: Es geht aus Sicht der Lehrenden immer darum, Lernende dabei zu begleiten, ihr Wissen, ihrer Fertigkeiten, Fähigkeiten und Werte aufzubauen. Dazu ist eine enge Kommunikation notwendig."[13]

Wenn Lernprozesse also nur im Zusammenspiel von Lernbegleitenden und Lernenden entstehen, kommt der Kommunikation im Lernprozess – in Form von Lerngesprächen – eine besondere Bedeutung zu. Nur wenn es gelingt, die Kommunikation so zu gestalten, dass zwischen Lernenden und Lernbegleitenden eine vertrauensvolle Beziehung entsteht, gelingt es auch, im Lernprozess über echte Lernanliegen, Lernhürden und Lernerfahrungen zu sprechen und in der Tiefe zu reflektieren, so dass wertvolle Lernerträge entstehen.

Kommunikation in einer dialogischen Haltung geschieht stets in einer

- partnerschaftlich-wertschätzenden,
- den Anderen wirklich achtenden und
- einbeziehenden Haltung.

Durch eine dialogische Haltung steigt die Wahrscheinlichkeit dafür, dass Lernprozesse zu einem Kompetenzerwerb der Lernenden führen.

Warum?

- Zum einen, weil Störungen und Missverständnisse dadurch schneller ausgeräumt werden können (man spricht über viele Dinge *bevor* sie »anbrennen«!)

- Zum anderen, da sowohl soziale Einbindung wie auch Wertschätzung, Selbstbestimmung und die eigene Handlungsmöglichkeiten von Auszubildenden in einer guten sozialen Beziehung besonders stark erlebt werden können. Und genau diese Faktoren sind, wie die Forschung immer wieder zeigt, wichtig für individuelle Lern- und Entwicklungsprozesse.[14]

- Zum dritten: Wenn Lernende sich sicher fühlen in ihrem sozialen (Arbeits-)Umfeld, wenn sie keine Angst haben müssen vor überzogener Kritik, verbaler Gewalt, Wutausbrüchen usw., steigt auch ihre Bereitschaft, sich selbst zu verändern.[15]

[12] Vgl. Gaus/Drieschner, 2012
[13] Schrode, 2017: S. 79
[14] Vgl. Schrode, 2017
[15] Vgl. Schrode, 2017

2.2 Warum ist es lernförderlich, sich als Lernbegleiter:in in Lerngesprächen zurückzuhalten?

Neben Wertschätzung, Achtung und dem Einbezug des/der Lernenden gibt es noch weitere Anhaltspunkte dafür, wie Gespräche lernförderlich gestaltet werden können. Diese haben mit dem gewandelten Verständnis von Lernen zu tun:

Während das bis Ende der 1980er Jahre vorherrschende Lernverständnis stark auf die Vermittlung von Qualifikationen, auf Unterweisung und Unterrichten setzte und von Beurteilung und Defizitorientierung gekennzeichnet war, setzt heutiges Kompetenzlernen auf Ressourcenaktivierung.[16] Das heißt: In einem modernen Lernverständnis wird davon ausgegangen, dass Lernende über die Ressourcen, die sie etwa für den Umgang mit herausfordernden Arbeitssituationen brauchen, entweder schon verfügen und diese im Rahmen des Lernprozesses aktiviert werden müssen. Oder aber dass Lernprozesse so aufgebaut sein sollten, dass diese Ressourcen beim Lernenden entstehen. Ein Beispiel für eine solche Ressource ist etwa die Problemlösungsfähigkeit: Wenn Lernprozesse so aufgebaut sind, dass der/die Lernende selbständig Herangehensweisen und Lösungsideen erarbeitet, um mit einer herausfordernden Arbeitssituation umzugehen, wird es ihr/ihm in anderen Situationen leichter fallen, auch hier Lösungen zu entwickeln. Gibt man Lernenden hingegen einfach Lösungen für Probleme an die Hand, bleiben sie in vergleichbaren Situationen wiederum auf Dritte und Lösungen angewiesen.

Für diese Herangehensweise sprechen auch Erkenntnisse aus der Lernforschung: Lernen wird heute als ein aktiver, selbstgesteuerter, konstruktiver, situativer und sozialer Prozess[17] beschrieben. Man kann im Umkehrschluss auch sagen: „Niemand kann gelernt werden!"[18]

Und: dass Kompetenzerwerb stattdessen von Lernenden erfordert, ihre eigenen Wege dafür zu finden, sich in Handlungs- und Interaktionssituationen aktiv Wissen und Können zu erarbeiten. Der Blickwinkel verschiebt sich also von zu vermittelndem Stoff – Objekten: Lehrplänen, Lernzielen, Unterricht und Unterweisung – zu lernenden Menschen – Subjekten: ihren Kompetenzen, Lerngelegenheiten bzw. -arrangements und subjektiver Aneignung.

Bei der Begleitung von Lernen als subjektivem Aneignungsprozess ist es daher sinnvoll, die Eigenaktivität von Lernenden gezielt zu fördern und sie dazu einzuladen und anzuregen, ihr Vorgehen tatsächlich möglichst stark selbst zu organisieren (denn genau das müssen sie schließlich auch später können, wenn sie in ihrer Arbeit kompetent handeln wollen).

Das wiederum funktioniert nur, wenn man es schafft, sich selbst zurückzuhalten und den Lernenden nicht Vorgehensweisen vorzugeben oder Lösungen vorzusagen.[19] Das gilt insgesamt für die Haltung eines/einer Lernbegleiter:in – und muss sich entsprechend auch in Gesprächen von Lernbegleiter:innen äußern.

Im (Lern-)Gespräch bedeutet diese gebotene Zurückhaltung konkret:

Mehr zuzuhören als selber reden!
Denn das kann die Reflexion und Lernertragssicherung ebenso wie die kommunikativen Kompetenzen der Lernenden fördern:

● (Kompetenz-)Lernen erfordert zum einen immer die Reflexion des (neu) Erfahrenen. Gleichzeitig ist Selbstreflexion für viele Menschen oft erstmal ungewohnt – waren sie in ihrem Leben doch oft mit Lehrprozessen konfontiert, in denen diese gar keine oder nur eine pro-forma-Rolle gespielt hat. Die Erfahrung zeigt, dass die Fähigkeit zur Reflexion ensteht, wenn man sie im Rahmen des Lerngespräches immer wieder durch echtes Interesse, aktives Zuhören und maßvolles Nachfragen einlädt. Lernbegleiter:innen schaffen damit einen Raum für die Auswertung und Reflexion von Lernerfahrung als wichtigem Bestandteil von Kompetenzlernen.[20]

16 Siehe: Bauer/ Schrode, 2018
17 Reinmann-Rothmeier/ Mandl, 2001
18 GAB München, 2016: These 3
19 Siehe dazu: Essential „Lernprozessbegleitung"
20 Siehe dazu genauer: Essential „Lernprozessbegleitung"

- Zum anderen sind in einem modernen Arbeitsleben berufs- und arbeitsfeldübergreifend Kommunikationsfähigkeit bzw. kommunikative Kompetenzen gefragt. Und wie jede Kompetenz entwickelt man auch Gesprächskompetenzen im Tun, in diesem Fall also im Gespräch. Und mehr zuzuhören heißt im Umkehrschluss auch, die Lernenden mehr sprechen zu lassen, ihnen mehr Raum im Gespäch einzuräumen und ihnen damit auch mehr Chancen zu geben, diese Kompetenz zu entwickeln.

Die Lernenden selber auf Lösungen kommen lassen!

Wenn Lernende Lösungen selbst erarbeiten und sie nicht vorgegeben bekommen, können sie an Herausforderungen sehr viel mehr lernen und ihre eigene Handlungsfähigkeit und Kreativität erweitern.

- Wie weiter oben beschrieben: Gibt man Lernenden Lösungen vor, nimmt man ihnen letzlich eine wichtige Lernchance weg – nämlich die, selbst ein passendes Vorgehen oder eine Lösung zu finden. Doch genau die eigene Lösungsfindung – sich und seine Arbeit selbst organisieren zu können – ist wesentlicher Bestandteil beruflicher Handlungskompetenz und stellt wichtige Ressourcen für die Bewältigung der Arbeitswelt dar. Um zu vermeiden, mit gut gemeinten Erklärungen Lernchancen zu nehmen, kann man als Lernbegleiter:in im Gespräch beispielsweise ganz pragmatisch auf entsprechende Bitten von Lernenden reagieren: Auf Fragen wie „Wie geht das?" oder Aufforderungen wie „Zeigen Sie mir, wie man das macht!" kann man mit gezielten Gegenfragen Mitdenken und Ausprobieren der Lernenden fördern. So kann die Gegenfrage „Was meinen Sie denn, wie es geht?" z.B. zu einem kollegialen Fachgespräch einladen, in dem man gemeinsam einen guten (Lern-)Weg findet. Oder „Wie könnten Sie es denn selbst herausfinden?" kann Lernende dazu ermuntern, sich zu überlegen, wie sie es selbst aktiv *erkunden* und so zu eigenen Lösungswegen und Lösungen kommen können.[21]

- Indem man Lernenden in Gesprächen also *den Ball immer wieder zurückspielt* und sie dazu anregt, die Möglichkeiten selbst zu entdecken, zu erkunden, zu erschließen stößt man Lernprozesse bei ihnen an – sie kommen schließlich nur weiter, wenn sie tatsächlich aktiv nach Lösungsmöglichkeiten suchen. Natürlich schließt das ein, ihnen dann über Hürden zu helfen, wenn sie tatsächlich nicht weiterkommen. Aber auch hier hilft oft zunächst die Devise *Fragen statt Sagen*! Denn die richtige Frage kann oft dazu beitragen, dass Lernende nochmals in ganz andere Richtungen denken oder ganz neue, bisher nicht gefundene Vorgehensweisen ausprobieren – und schließlich doch weiterkommen (und dabei viel lernen)![22] Kurzum ist es viel seltener nötig, Lernenden zu sagen, wie etwas geht als man vielleicht denken mag – mit Hilfe geschickter Fragen kann man stattdessen Impulse dafür setzen, dass sie selbst zu guten Lösungen kommen.

Zurückhaltung bedeutet dabei aber nicht, als Lernbegleiter:in im Gespräch grundsätzlich passiv zu sein. Im Gegenteil ist es gefordert, mit allen Sinnen präsent zu sein und aktiv zuzuhören (weiter unten finden sich Anregungen dazu, wie das gehen kann). Nur dann wird es einem möglich, ein Gefühl dafür zu entwickeln, welche Fragen man an welchen Stellen sinnvoller Weise *einstreuen* kann, weil sie hilfreich sind und Lernende weiterbringen können. Aber aus besagten (berufs-)*pädagogischen* Gründen ist eben in einigen Aspekten bewusste und gezielte Zurückhaltung – eine „aktive Passivität"[23] – extrem wichtig.

Sich in Lerngesprächen mit Erklärungen, Lösungsvorschlägen und insgesamt mit seinen Gesprächsanteilen zurückzuhalten ist für viele Aus- und Weiterbildner:innen eine schwierige Aufgabe. Gelingt es einem, gehen damit aber auch einige Vorteile einher: Sich zurückzu-

---

[21] Vgl. Schrode, 2018: S. 19

[22] Siehe unten, Kap. 3.1: „Wie kann ich die „richtigen" Fragen stellen?" und dort insbesondere auch den Abschnitt zu den „systemischen Fragen", die besonders gut dafür geeignet sind, andere, neue Perspektiven anzustoßen.

[23] Es geht um „eine aktive Passivität, die durchaus anstrengend und herausfordernd ist. Denn sie erfordert gleichzeitig hohe Aufmerksamkeit für auftretende Dynamiken und Entwicklungen und eine ausgeprägte Zurückhaltung im Sinne des aktiven Aushaltens von scheinbaren Fehlentwicklungen und Unsicherheiten im Prozess: Die/der Lernprozessbegleiter:in beobachtet die/den Lernenden; greift ggf. durch Fragen ein, um die/den Lernenden auf eine weiterführende Lösungsspur zu setzen, ohne aber die Lösung vorzugeben. Sie/er hilft über Lernbarrieren hinweg und durch Motivationstäler hindurch, ohne die/den Lernenden aus der Verantwortung zu nehmen. Das ständige Ausbalancieren von Zurückhaltung und kleinen hilfreichen Interventionen erfordert viel Gespür und Geschick und eine hohe Selbstreflexion der/des Lernprozessbegleiter:in" (Buschmeyer, 2015: S. 16). Siehe dazu: Essential „Lernprozessbegleitung".

halten kann es erlauben, sich viel besser darauf konzentrieren zu können, aktiv zuzuhören (s. unten: „aktives Zuhören" nach Carl Rogers) oder „Werkzeuge des Zuhörens" (Gordon, s. unten) zu nutzen. Dadurch kann man ein viel genaueres Bild über den Lernstand, die Fortschritte und Schwierigkeiten des/der Lernenden erhalten.

Nicht wie ein/e Lehrer:in in einem Erklärmodus agieren zu müssen, kann Freiräume dafür schaffen, wirklich „ganz Ohr" und voll da zu sein – aber eben nicht im Sinne vieler eigener Äußerungen, sondern stattdessen mit geschickten und angemessenen Fragen zur Eigenaktivität einzuladen und zu ermuntern (s.u.).

Als Lernbegleiter:in bewegt man sich insgesamt – natürlich auch in Gesprächen – mehr in der Rolle eines/einer Ermöglichenden und Prozessbegleitenden statt als Lehrmeister:in und Fachexpert:in zu agieren.[24] In dieser Rolle kann man Lernenden viel mehr Entfaltungs-räume und -möglichkeiten geben.[25]

2.3 Was bedeutet es konkret, eine lernförderliche, dialogische Haltung einzunehmen?

Als Lernbegleitende:r eine lernförderliche, dialogische Haltung einzunehmen, bedeutet zunächst das *Zusammenspiel* zwischen Lernenden und Lernbegleitenden während des Lernprozesses ernst zu nehmen und zu erkennen, dass dieser Prozess durch den Dialog beider Akteur:innen getragen wird. Damit dies gelingt, kommt es im gemeinsamen Prozess zunächst darauf an, in möglichst regelmäßigen Abständen mit dem oder der Lernenden in den Austausch zu kommen und so Kommunikationsmöglichkeiten zu schaffen.

Um eine lernförderliche Atmosphäre im Gespräch zu unterstützen, hilft es, die Lernenden nicht über einen Kamm zu scheren, sondern jede/n einzelne/n als *Individuum* wahrzuneh-men, ihn oder sie mit ihren jeweiligen Stärken und Schwächen ernst zu nehmen und sie zu respektieren. Sprechen wir von Augenhöhe in einem (Lern-)Gespräch, so wird diese auch darin sichtbar, dass Lernbegleiter:innen ein aufrichtiges Interesse an den Einschätzungen, aber auch an den Wünschen der Lernenden haben und ihre eigenen Wahrnehmungen neben diese stellen, statt sie per se als gewichtiger zu begreifen.

Insbesondere in der Ausbildung kommt es darauf an, die Lernenden dabei zu unterstützen, sich selbst Gedanken über ihre Lernwünsche zu machen, Regeln und Bedingungen transparent zu machen und systematisch die Selbstreflexion der Lernenden zu stärken. Dies gelingt umso besser, je mehr die Lern*begleitenden* ihre Rolle in der Begleitung einnehmen können und weniger selbst reden und je mehr es ihnen gelingt, die Lernenden zu bestärken, ihre Wahrnehmungen, Wünsche und Sorgen mit ihnen zu teilen.

Wie lässt sich eine dialogische Haltung aber nun am besten feststellen? Was sind konkrete Merkmale einer dialogischen Haltung?

BEISPIEL 1[26]

Eine Ausbilderin, Frau Schmidt, bekommt für zwei Monate den Auszubildenden Paul zur Betreuung in ihre Abteilung. An dem Arbeitsplatz von Frau Schmidt müssen Angebote eingeholt und Bestellungen geschrieben werden. Diese sind unterschiedlich komplex zu bearbeiten.

Nach einer ersten Eingewöhnung setzen Frau Schmidt und Paul sich zusammen, und die Ausbilderin fragt Paul, was er denn in diesem Ausbildungsabschnitt gerne lernen möchte, wie er gut Neues lernt und was ihm für die Zusammenarbeit wichtig ist. Weil Paul sich hierzu bisher noch keine Gedanken gemacht hat, vereinbaren beide einen neuen Gesprächstermin, bis zu dem Paul über die gestellten Fragen nachdenkt und sich hierzu Notizen macht. Bei dem erneuten Gespräch sprechen beide aus, welche Ziele sie sich für den kommenden

---

[24] Natürlich sind Aus- und Weiterbildner:innen nach wie vor Expert:innen für ihr Fach – sie verstehen Expertise aber nicht mehr als Aufforderung, ihrem Gegenüber sagen zu müssen, wie etwas „richtig" geht oder was aus ihrer fachlichen Sicht die besten Lösungen sind. Denn würden sie darauf setzen: Wie sollten aus den Lernenden Expert:innen werden, die eigenständig agieren, selbst denken und auch auf neue, kreative – vielleicht innovative bzw. bessere – Lösungen kommen, und zwar auch in unsicheren, unplanbaren Anforderungssituationen? (Siehe dazu auch Essential: „Lernprozessbegleitung").

[25] Ausführlicher siehe insbes. Essential „Lernprozessbegleitung", siehe auch Anhang zum Thema „Lernprozessbegleitung" im vorliegenden Essential: S. 102-103

[26] Maurus et al., 2016: S. 210

Ausbildungsabschnitt überlegt haben. Danach verständigen sie sich auf gemeinsame Ziele. Zum Beispiel: Eine ganze Bestellung eigenständig bis zum Abschluss bearbeiten können. Sie halten gemeinsam fest, in welcher Zeit Paul das Ziel erreicht haben möchte und treffen weitere Vereinbarungen über das Lernen von Paul und die Zusammenarbeit. Zum Beispiel möchte Paul nicht nur Zuarbeit leisten, sondern schnellstmöglich selbstständig arbeiten. Frau Schmidt nimmt sich vor, Fehler sachlich anzusprechen. Es ist ihr auch wichtig, dass Paul versucht sich selbst Fragen zu beantworten und eigenständig fehlende Informationen zu recherchieren. Beide legen fest, dass es wichtig ist, immer ehrlich zu sagen, was gerade nicht passt. Am Ende des Gesprächs schreiben sie gemeinsam auf, was sie vereinbart haben.

Jeden Morgen stellt Frau Schmidt zusammen mit Paul einen Überblick her, was heute zu tun ist und welche Aufgaben sich aus Ausbildungsgesichtspunkten für Paul eignen. Paul soll dabei selber nachdenken und Vorschläge machen. Anfangs ist für Paul diese Situation neu und er hat keine eigene Ideen. Je öfter die „Morgengespräche" stattfinden, desto mehr eigene Ideen hat er. Er fühlt sich mehr und mehr als Arbeitspartner ernst genommen.

Für seine Arbeit an der Bestellung vereinbaren Frau Schmidt und Paul immer wieder Zwischengespräche. In diesen bittet Frau Schmidt Paul, seine Ergebnisse und Erkenntnisse aus den Vorab-Recherchen und Aufgaben vorzustellen, zu erklären, wie er vorgegangen ist, was er bis jetzt gelernt hat und wo er noch unsicher ist. Frau Schmidt fragt zu allen Punkten sehr genau nach und hinterfragt immer wieder Pauls Beweggründe für ein bestimmtes Vorgehen. Dann würdigt sie die Erkenntnisse und Ergebnisse von Paul. Sie spricht sachlich fachliche Unstimmigkeiten an und überlegt gemeinsam mit Paul, wie man dabei Abhilfe schaffen kann.

Nach mehreren Schleifen mit Zwischengesprächen hat Paul die vollständige, eigenständige Bearbeitung einer Bestellung abgeschlossen. Frau Schmidt und Paul verabreden sich zu einem Auswertungsgespräch. Paul stellt das aus seiner Sicht fertige Ergebnis vor. Er schildert, wie er bei der Bearbeitung vorgegangen ist und erläutert seine begleitenden Überlegungen. Frau Schmidt fragt, wie zufrieden er mit dem Ergebnis ist. Das ist nicht leicht für Paul, ermöglicht ihm aber, zu einer realistischen Selbsteinschätzung zu kommen. Erst danach nimmt Frau Schmidt aus ihrer Sicht zu dem Ergebnis Stellung. Frau Schmidt und Paul betrachten im Anschluss nicht nur die noch offenen fachlichen Fragen zu dem Auftrag, sondern Paul reflektiert auch seine sozialen wie persönlichen Lernerträge, unterstützt durch Fragen von Frau Schmidt. Abschließend fragt Frau Schmidt Paul, wie er die Zusammenarbeit mit ihr erlebt hat und was er sich für die weitere Zusammenarbeit (anders) wünscht.

Aus diesem Beispiel werden Merkmale einer dialogischen Haltung deutlich:[27]

● **Lernende werden ernst genommen, geachtet und respektiert**

Im Beispiel lässt Frau Schmidt Paul alle Ziele und Wünsche äußern, die er für den Ausbildungsabschnitt hat. Sie nimmt Pauls Bedürfnisse, Gefühle und Empfindungen ernst und respektiert, dass Paul in den ersten „Morgengesprächen" keine eigenen Ideen einbringen kann, weil ihn die Situation (noch) etwas verunsichert. Weder schimpft noch bedrängt sie Paul, noch macht sie sich über seine Unsicherheit lustig.

● **Individualität und Selbstbestimmung werden geachtet**

Indem Frau Schmidt mit Paul immer wieder über anstehende Aufgaben spricht und ihn auffordert, eigene Vorschläge einzubringen, was er wann bearbeiten möchte, ermöglicht sie Paul Selbstbestimmung. Sie achtet seine Individualität, indem sie seine Entscheidung, was er wann macht, respektiert und in Zwischengesprächen immer wieder nachfragt, welche Veränderungen im Lehr-Lernprozess Paul sich wünscht.

● **Ziele, Aufträge und Anliegen werden verhandelt**

Frau Schmidt legt die Ziele des Ausbildungsabschnitts nicht im Vorfeld fest. Vielmehr bespricht sie diese mit Paul, und sie bestimmen gemeinsam, welche Ziele Paul während des nächsten Abschnitts verfolgt.

● **Abläufe, Regeln und Bedingungen werden transparent gemacht**

Paul und Frau Schmidt verabreden gemeinsame Regeln für die Zusammenarbeit. Sie sprechen darüber, was ihnen beiden für die Zusammenarbeit wichtig ist. Sie teilen auch miteinander, wer sich was für den weiteren Verlauf vornimmt.

[27] Maurus et al., 2016: S. 210

● Kommunikation auf Augenhöhe

Frau Schmidt und Paul agieren auf Augenhöhe. Sie begegnen sich partnerschaftlich. Dabei reflektiert besonders Frau Schmidt immer wieder sehr bewusst, wie gut es ihr gelingt, Paul auf Augenhöhe zu begegnen (und ihn *nicht* als „Untergebenen" zu behandeln). Paul fühlt sich durch die Morgenbesprechungen, in denen Frau Schmidt sehr offen darüber spricht, welche Aufgaben (auch für sie) anstehen, mehr und mehr als Arbeitskollege wahrgenommen.

● Es wird in erster Linie zugehört – statt vorgesagt

Frau Schmidt ist daran interessiert, wie Paul die Bearbeitung der Bestellung angehen will, wie er sie dann tatsächlich geplant hat und wie es ihm dabei erging. Sie hat also nicht eine aus ihrer Sicht richtige Lösung im Kopf und erwartet diese oder fordert sie ein, sondern erkennt an, dass es auch ganz anders möglich ist, als sie es selbst machen würde. In den Gesprächen äußert sich das dadurch, dass sie zuhört, wie Paul es machen will bzw. gemacht hat anstatt ihm zu sagen, wie es geht oder wie er es am besten hätte machen sollen.

● Es besteht Zutrauen in die Fähigkeit Lernender, selbst Lösungen zu finden

Frau Schmidt setzt im Grundaufbau ihrer Gespräche darauf, dass Paul selbst gute Vorgehenswege und Lösungen findet (und kommuniziert das ihm gegenüber auch als Erwartung, s.o.). Sie vertraut darauf, dass er gute Ansätze ausmacht und dass er auf sie zukommt, wenn er nicht weiterkommt.

Eine lernförderliche, dialogische Haltung drückt sich in den beschriebenen Aspekten aus. Dahinter steht auch eine Haltung, die das Gegenüber als „gleichwürdig" betrachtet.[28] Gleichwürdig bedeutet, einen anderen Menschen wahrzunehmen, seine Gedanken, Bedürfnisse und Wünsche miteinzubeziehen, statt sie zu übergehen. Die Wünsche und Bedürfnisse des anderen werden ebenso ernst genommen wie die eigenen.[29] Dabei gilt aber auch:

„Man muss nicht unbedingt alles mitmachen, aber man muss den anderen Menschen wahrnehmen und ernstnehmen."[30]

2.4 Wie kann ich überprüfen, ob ich Lernenden in einer lernförderlichen, dialogischen Haltung gegenübertrete?

Eine dialogische Haltung „fällt nicht vom Himmel". Vielmehr kann deren Umsetzung in der Gesprächsführung als Kompetenz betrachten werden, die im Sinne eines Kompetenzlernens entwickelt werden kann. Kompetent wird man nur im Tun. Das gilt auch für die dialogische Haltung und deren Umsetzung. Diese kann entstehen, wenn sich Lernbegleitende der Merkmale einer dialogischen Haltung bewusst werden und das eine oder andere gezielt in ihren Lerngesprächen umsetzen. Wichtig dabei bleibt, sich immer wieder selbst zu reflektieren bzw. ggf. auch nach Rückmeldung zu fragen.

Aber woran kann die Selbstreflexion orientiert sein?

In der Berufspädagogik wurde überlegt, wie eine lernförderliche Haltung zur Qualität von Lernen und seiner Begleitung beitragen kann. Im Ansatz „Graswurzel Qualitätsentwicklung und -sicherung" (Graswurzel QES) ist in Anlehnung an Carl Rogers[31] und andere Ansätze der Gesprächsführung eine „dialogische Haltung" als wichtiger Baustein zur Gestaltung von Lernbeziehungen beschrieben worden.[32]

Zentral sind in diesem Ansatz zwei Elemente:

1. die von Carl Rogers beschriebenen Grundhaltungen als wesentliche Gestaltungsfaktoren einer Beziehung, die es Menschen ermöglicht, sich zu verändern.
2. die weiter oben beschriebenen Aspekte der Lernförderlichkeit – Zuhören und Fragen statt Vorsagen und selbst Lösungen finden lassen.

Zu Element 1

Die Grundhaltungen, die Carl Rogers generell für entwicklungsförderliche Gesprächsgestaltung beschreibt, kann man auch als wichtige Anhaltspunkte für die Gestaltung

---

[28] Vgl. Juul, 2016
[29] Maurus et al., 2016: S. 211
[30] Vgl. Juul, 2016
[31] Zum Carl Rogers' personenzentriertem Ansatz siehe ausführlich: Kapitel 4
[32] Maurus/Schrode/Brater, 2016: S. 102

einer Beziehung[33] begreifen, die den Selbst-Veränderungsprozess des Lernens (besser) ermöglichen und fördern soll:

● **Einfühlendes Verstehen (Empathie)**

Unter Empathie versteht man das einfühlende Verstehen, das nichtwertende Eingehen, also das echte Verständnis für eine Person. Es ist sowohl die Fähigkeit wie auch die Bereitschaft gemeint, sich in andere Menschen einzufühlen, ihr Verhalten und Handeln zu verstehen und sich in ihre Gefühlswelt hineinzuversetzen.

Ziel ist dabei, dem Gegenüber vorurteilsfrei zuhören und seine Sicht wirklich verstehen zu wollen. Konkret bedeutet dies, dem Anderen aufmerksam zuzuhören, auf ihn einzugehen und seine eigenen Gedanken und Gefühle zu reflektieren. Dazu ist auch notwendig, die eigenen Meinungen, Wertungen und Emotionen zunächst einmal zurückzustellen.

Empathie bedeutet, das Erleben eines/einer Anderen möglichst so vollständig und genau nachzuvollziehen, als ob es das eigene wäre, ohne jedoch diesen 'Als-ob-Status' zu verlassen. Rogers beschreibt dieses einfühlsame Verstehen als einen Vorgang im Gespräch, bei dem man genau die Gefühle und persönlichen Bedeutungen spürt, die das Gegenüber erlebt, und ihm dieses Verstehen mitteilt ('spiegelt').

● **Unbedingte Wertschätzung (Akzeptanz)**

Akzeptanz ist die Bereitschaft, jemanden so anzunehmen wie er/sie ist. Das bedeutet seine Fehler und Schwächen zu akzeptieren und zu lernen, damit umzugehen. Es ist eine an keine Bedingungen geknüpfte Wertschätzung und Anteilnahme dem Anderen gegenüber. Sie wirkt vor allem dann hilfreich, wenn der/die Andere sie auch selbst wahrnimmt.

Gesprächspartner:innen fühlen sich durch akzeptierendes Zuhören angenommen und verstanden, müssen keine Energie in Verteidigungsreden stecken. Sie werden offener, zugänglicher und sind dann auch eher bereit, eigene Sichtweisen in Frage zu stellen, die Sicht der Anderen anzuhören und Kompromisse bzw. Verhaltensänderungen in Erwägung zu ziehen. Unbedingte Wertschätzung erfordert, die Aussagen eines/einer Anderen nicht sofort negativ zu bewerten. Es ist statt dessen wichtig, dem Gegenüber zu zeigen, dass man ihn/sie als Person schätzt, unabhängig davon, wie er/sie sich benimmt beziehungsweise in der Vergangenheit verhalten hat. Man zeigt damit, dass der andere Mensch wichtig ist und man ihn so akzeptiert, wie er ist. Es ist eine Form von Warmherzigkeit, die den/die Andere/n als einen Menschen sieht, der sich entwickeln kann. Das bedeutet auch, dass der/die Andere die Gefühle, die er/sie in diesem Augenblick hat, zeigen darf. Es bedeutet jedoch nicht, dass der/die Gesprächspartner:in diesen Gefühlen unbedingt zustimmen muss, wohl aber, dass er/sie sein/ihr Gegenüber ohne Wertung und Vorurteil annimmt.

● **Echtheit (Kongruenz)**

Kongruenz bedeutet, dass das eigene Verhalten, die eigenen Äußerungen, das Handeln und die Körpersprache mit dem eigenen Denken übereinstimmen. Ein Mensch ist dann *nicht* echt, wenn er etwas mit freundlichen Worten und zugleich saurer Miene sagt, wenn sich also seine Gefühle und seine Äußerungen widersprechen. Er ist dann echt, wenn er das, was er sagt, auch meint. Kongruenz bedeutet auch, dass man auf Augenhöhe miteinander kommuniziert und sich nicht z. B. als Ausbilder:in für wichtiger oder bedeutender hält als seine Lernenden. Inkongruenz würde dem/der Anderen sofort auffallen und er/sie würde sich nicht verstanden fühlen und sich verschließen.

Diese drei Grundhaltungen bieten ein Gerüst zur konkreten Ausgestaltung einer dialogischen Haltung in Lerngesprächen.

Zu Element 2

Lernen als Kompetenzerwerb erfordert eine hohe Eigenaktivität von Lernenden. Dabei hilft, wie oben beschrieben, mehr zuzuhören, statt selbst zu reden sowie Lernende selbst auf angemessene Vorgehensweisen und Lösungen kommen zu lassen.

---

[33] In der Literatur ist oft die Rede von Lehr-Lernbeziehung. Wir meiden insgesamt den Begriff des Lehrens, weil er aus einem Instruktionsverständnis stammt, das der Grundannahme folgt, man könne Wissen quasi von der/dem Lehrenden zu den Lernenden „übertragen". Neuere Ansätze, wie die konstruktivistische Lerntheorie und auch neurowissenschaftliche Forschungsergebnisse legen aber nahe, dass genau das unmöglich ist. Man kann Lernen nicht von außen bewirken, sondern nur ermöglichen, also Bedingungen dafür schaffen, dass Lernen gelingen kann. (Siehe dazu: Essential „Lernprozessbegleitung").

Inwiefern einem das gelingt, kann man ebenso überprüfen, wie den Aspekt, ob man es schafft, grundsätzlich eine dialogische Haltung einzunehmen – und wo man dafür ggf. noch an sich arbeiten kann. Für Aus- und Weiterbildner:innen gibt es auf Basis dieser beiden Elemente ganz konkrete Fragen, die sie sich stellen können, um an ihrer eigenen lernförderlichen, dialogischen Haltung zu arbeiten:

PRAXISFRAGEN LERNFÖRDERLICHE, DIALOGISCHE HALTUNG ÜBEN – FRAGEN ZUR SELBSTÜBERPRÜFUNG:[34]

1 WIE KANN ICH ÜBERPRÜFEN, OB ICH EINE DIALOGISCHE GRUNDHALTUNG EINNEHME?

A. Einfühlendes Verstehen (Akzeptanz)

- Bin ich darum bemüht, die Anliegen, Gedanken, Motive, Gefühle und die Art, wie Lernende ihre Umwelt wahrnehmen, zu verstehen? Woran erkenne ich das?

- Schaffe ich es, aktiv zuzuhören, also die Lernenden wirklich erzählen und ausreden zu lassen, ohne dazwischenzufahren? Gelingt es mir, ihnen wirklich die größeren Gesprächsanteile zu überlassen? Frage ich interessiert nach, gebe ich das Gehörte in eigenen Worten wieder, um abzuklären, es richtig verstanden zu haben?

- Kann ich erkennen, welche meiner Äußerungen und Verhaltensweisen welche Bedeutung für die Lernenden haben? Frage ich nach (z.B.: „Wie kam das bei dir an, wie ich dir das gesagt habe?", „Wie ging es dir mit meinen doch sehr deutlichen Worten heute früh eigentlich?", „Wie fühlst du dich nach dieser Rückmeldung?")? [Solche Rückmeldungen sind keine „Gefühlsduselei", sondern wichtig, um die Lernenden wirklich verstehen zu können!]

- „Ich will dich verstehen. Das ist mir wichtig, du bist mir nicht egal!" – Strahle ich diese Einstellung eines wohlwollenden Interesses eigentlich aus? Woran kann ich das erkennen?

B. Unbedingte Wertschätzung, Achtung und positive Zuwendung (Akzeptanz)

- Spreche ich so mit den Lernenden, dass sie sich als eine Person grundsätzlich gleichen Wertes sehen können?

- Sage ich Dinge so, dass die Lernenden mir dasselbe genauso – im gleichen Tonfall, auf dieselbe Art – sagen könnten, ohne dass es respektlos wäre?

- Erlebe ich mich selbst rücksichtsvoll, erlebe ich eine positive, annehmende Einstellung gegenüber der Erlebniswelt der Lernenden? Kann ich ihren Blick auf die Welt akzeptieren?

- Traue ich den Lernenden wirklich etwas zu? Woran erkenne ich, dass ich ihre Selbstbestimmung und persönliche Entwicklung fördere?

- Ertappe ich mich gelegentlich dabei, Lernende dominieren oder ihnen zeigen zu wollen, wer am längeren Hebel sitzt? Kann ich das erkennen?

C. Aufrichtigkeit und Echtheit (Kongruenz)

- Spiegeln meine Aussagen gegenüber den Lernenden auch das wider, was ich empfinde? Bin ich manchmal zynisch? Wann und warum?

- Spiele ich manchmal gegenüber Lernenden eine Rolle, verstecke ich mich hinter irgendwelchen Fassaden (z.B. einer klassischen Lehrenden-Rolle)? Bringe ich manches nur ein, um mich wichtig zu machen?

- Was hilft mir, ich selbst zu sein?

- Erlebe ich mich offen für Verbesserungsvorschläge und Kritik durch Lernende? Bin ich hier aufrichtig mit mir selbst, fordere Feedback also offen ein – auch dann, wenn ich denke, dass etwas von meiner Seite aus nicht so gut lief?

[34] Leicht abgewandelt nach Schrode, 2017: S. 22-23

2 WIE KANN ICH ÜBERPRÜFEN, DASS ICH DARÜBER HINAUSGEHENDE LERNFÖRDERLICHE PRINZIPIEN BEACHTE?

- Hatte der/die Lernende deutlich mehr Redeanteile als ich?
  Ist es mir gelungen, mich mit eigenen Redebeiträgen zurück zu halten?

- Konnte der/die Lernende im Gespräch eigene Ideen entwickeln
  und einbringen? Wie stark war ihm/ihr das möglich?

- Habe ich mich dabei ertappt, „die richtigen" Vorgehenswege oder
  Lösungen vorzugeben?

- Ist es mir gelungen aktiv und mit echtem Interesse zuzuhören?
  Woran mache ich das fest (zum „aktiven Zuhören", s. Kap. 3.3)?

- Ist es mir gelungen, mein Gegenüber dazu anzuregen, die (bzw. weitere)
  Möglichkeiten selbst zu entdecken, zu erkunden, zu erschließen?

- Wie gut ist es uns im Gespräch gelungen, das Wissen und
  Können zu aktivieren, das der/die Lernende bereits mitbringt?
  Woran mache ich das fest?

3 ÜBERGREIFEND

- Bei den Aspekten, die mir noch nicht so gut gelungen sind:
  Wie kann ich daran arbeiten, darin besser zu werden?

Teil 3

Welche Gesprächstechniken können
in Lerngesprächen helfen?

3.1 Wie kann ich die „richtigen" Fragen stellen?

Ein wichtiger Ansatz ist die Kunst des richtigen Fragens

Indem Menschen sich gegenseitig Fragen stellen, zeigen sie, dass sie sich für die Belange der/des jeweils anderen interessieren. Sie signalisieren ihrem Gegenüber damit, dass sie es ernst nehmen, achten, schätzen. Für Lernbegleiter:innen sind Fragen ein wichtiges Werkzeug, mit dem sie gezielt, bewusst und behutsam Lernenden in ihrer Eigenaktivität *auf die Sprünge helfen* können.

Doch Fragen haben nicht immer die gleiche Wirkung. Auch hier kommt es sehr darauf an, welche Fragen mit welcher Haltung gestellt werden.

Was sind offene Fragen? Wobei helfen sie?

Als offene (oder öffnende) Fragen werden solche Fragen bezeichnet, die dem Gegenüber eine freie Assoziation innerhalb seiner Antwort erlauben. Sie laden Gesprächspartner:innen dazu ein, zu erzählen, was ihnen zu dieser Frage einfällt und ihnen wichtig ist. Eben dieses *echt* offene Fragen wird vom Gegenüber nicht nur als wertschätzend erlebt, sondern fordert zugleich auf, sich inhaltlich oder persönlich zu äußern. Das wiederum kann zu einer größeren Gesprächstiefe führen. Offene Fragen sind geprägt durch die Haltung, tatsächlich miteinander zu reden/ins Gespräch zu kommen, statt bloß Informationen auszutauschen.

Dieser Fragetypus eignet sich daher besonders gut, um umfassende Überlegungen, Gedanken oder Wünsche der jeweiligen Gesprächspartner:innen zu erfahren. Sie führen gewöhnlich auch zu größeren Gesprächsanteilen des Gegenübers, weil es weiter ausholen muss als bei geschlossenen Fragen (s.u.). Gesprächspartner:innen werden eben nicht nur zum Antworten angeregt, sondern auch zum Nachdenken über Sinnzusammenhänge, eigene Meinungen oder Begründungen. Sie werden mit offenen Fragen dazu eingeladen, diese auszuführen.

Viele der so genannten „W-Fragen" (Fragen, die mit einem Fragewort beginnen: wer, was, wann, wo, wohin, womit, warum) sind offene Fragen:

- Wie sind Sie vorgegangen?
- Wie ging es Ihnen bei ...?
- Warum ist es Ihnen so wichtig, dass ...?
- Was wollen Sie erreichen?
- Was meinen Sie mit ...?
- Was daran ist wichtig für Sie?
- Was bedeutet das für Sie?

Aber Vorsicht – nicht alle „W"-Fragen sind offene Fragen!

Was sind geschlossene Fragen und wie behindern sie die Kommunikation?

Im Gegensatz zu offenen Fragen bieten geschlossene den Befragten nur wenig Antwortmöglichkeiten. Diese Fragen dienen häufig eher dem Austauschen von kurzen Sachverhalten und Informationen. Sie sind damit kaum dazu geeignet, ein intensives Gespräch zu initiieren oder zu ausführlichen und genauen Schilderungen einzuladen.

Es können folgende geschlossene Fragetypen unterschieden werden:

Entscheidungsfragen
Eine Entscheidungsfrage lässt nur ein „Ja" oder „Nein" als Antwort zu. Sie fragt gezielt nach Informationen.

- Wollen Sie diese Aufgabe übernehmen?
- Gefällt es Ihnen im Betrieb?
- Gehen Sie gerne in die Berufsschule?
- Haben Sie heute Nachmittag frei?

Alternativfragen

Als Alternativfrage wird die Kombination von zwei (oder mehr) Wahlmöglichkeiten bezeichnet. Eine Alternativfrage lässt den Befragten nur die Möglichkeit, mit einer der angebotenen Möglichkeiten zu antworten.

- Sollen wir mit dem Fahrrad oder mit dem Bus fahren?
- Möchten Sie mit A oder B zusammenarbeiten?

Geschlossene W-Fragen

Bei den geschlossenen W-Fragen ist die Antwort ebenfalls von vornherein z.B. auf eine Ortsangabe, einen Namen, die Uhrzeit oder eine Mengenangabe beschränkt:

- Wo ist die Baustelle?
- Wer hat das Gerät kaputt gemacht?
- Wann ist Pause?
- Wie viele Formulare müssen Sie noch bearbeiten?

In berufspädagogischen Settings, vor allem in Lerngesprächen oder Abstimmungen zu Arbeits- und Lernaufgaben, sollten geschlossene Fragen eher vermieden werden. Denn bei der (berufs-)pädagogischen Begleitung ist es zum einen wichtig, von Lernenden möglichst genau ihre Überlegungen, Gedanken und Wünsche, Erlebnisse, Probleme und Lösungsideen in Erfahrung zu bringen. Nur so kann man seine Begleitung schließlich angemessen gestalten. Zum anderen eignen sich geschlossene Fragen weniger, um Reflexion (Überlegungen zum Erlebtem und Gelernten) anzustoßen.

Mit der Frage „Hast du das verstanden?" kann man zwar eine möglichst eindeutige Information einholen – man lädt das Gegenüber dazu ein, mit „Ja!" oder „Nein!" zu antworten. Fragt man zum Beispiel nur ein klein wenig anders, nämlich „Wie hast du es verstanden?" bringt man sein Gegenüber automatisch in die Situation, es in den eigenen

Worten wiederholen – und währenddessen nochmal darüber nachdenken – zu müssen. Daran lässt sich dann erkennen, ob es so verstanden wurde, wie es gemeint war – und wenn nicht, bietet sich die Gelegenheit zu korrigieren oder Aspekte, die vom Gegenüber vergessen wurden, unmittelbar zu ergänzen.[35]

Ein weiteres Beispiel: Fragt man im Anschluss an eine Aufgabe „Hast du dich dabei sicher gefühlt?" engt das die Reflexion wesentlich mehr ein als Fragen wie „Wie hast du dich dabei gefühlt?" oder „Wie ging es dir damit?".

Oftmals ist es also gar nicht so schwer, aus geschlossenen Fragen offene zu machen. Und doch kann damit ihr Mehrwert oft deutlich erhöht werden.

Was bedeutet es, „drehbuchtauglich konkret" (nach)zufragen?

Um möglichst zu verstehen, was das Gegenüber tatsächlich meint, hat es sich als hilfreich bewährt, sein Gegenüber darum zu bitten, unpräzise, abstrakte Antworten zu konkretisieren. Die Metapher der „Drehbuchtauglichkeit" bedeutet dabei: darauf zu achten, dass die Antworten so aussagekräftig sind, dass theoretisch eine Schauspieltruppe ein so konkretes Bild vom beschriebenen Zustand hat, dass sie die Situation/den Zustand nachspielen könnte. Drehbuchtauglich meint, dass eine dritte Person aufgrund der Formulierung deutlich nachvollziehen kann und eine konkrete Vorstellung (einen „Film im Kopf") bekommt, was gemeint ist, was geschehen ist oder wie ein wünschenswerter Zustand erreicht wurde.

Insbesondere in Lernsettings ist es wichtig, darauf zu achten, dass über Aussagen und Antworten ein möglichst konkretes Bild vom Getanen, Erlebten, Erkannten und Gelernten entstehen kann. Jede Aussage, die so konkret ist, dass sie drehbuchtauglich ist, verringert Missverständnisse, lädt zur Reflexion ein und hilft, zu umsetzungsfähigen, konkreten Vorschlägen zu kommen.

---

[35] Vgl. Buschmeyer/Hartmann/Kleestorfer, 2017: S. 13 (in diesem Comic der GAB München finden sich eine ganze Reihe von Anregungen dafür, wie man sich in Lernsettings besser verstehen und dadurch wirksamer lernen und begleiten kann).

Ein junger Ausbilder, der sich als Prüfer bei der ortsansässigen Kammer engagiert, möchte erfahren, was in der Prüfungssituation besonders wichtig ist. Seine Kollegin aus dem Prüfungsausschuss antwortet:

„Ganz einfach: Ich verhalte mich den Lernenden gegenüber wertschätzend!"

Ohne weitere Ausführungen ist das nicht drehbuchtauglich konkret. Im Gegenteil bleibt völlig unklar, was das konkret heißt und in welchen Handlungen sich das äußert.

Drehbuchtauglich konkret wäre z.B. die folgende Aussage (oder Ergänzung):

„(Das heißt:) Ich stehe auf, wenn der Prüfling den Raum betritt. Ich halte Blickkontakt; lächle ermutigend. Ich gebe nach der Prüfung konkretes Feedback dazu, was er gut gemacht hat. Ich sage nach der Prüfung in meiner Rückmeldung so genau wie möglich, wo mir etwas gefehlt hat und warum. Und ich frage immer, ob er dazu noch Fragen hat. So drücke ich meine Wertschätzung aus."

Nützliche Fragen zur Konkretisierung von Beschreibungen sind:

- Angenommen Sie drücken mehr Wertschätzung aus, was genau tun Sie dann?
- Woran merken Sie, dass das Ziel erreicht ist – konkret?
- Was tun Sie anders?
- Und was noch...?[36]

Was sind systemische Fragen? Wobei helfen sie?

Systemische Fragen verdeutlichen die Beziehungen zwischen verschiedenen Personen und Systemen (Familie, Gruppen, Arbeitsumfeld)[37].

Sie helfen dabei, alte Sichtweisen differenzierter zu betrachten und eröffnen neue Perspektiven. Dabei regen sie die Fantasie an und ermöglichen völlig neue Lösungsideen: „Interessant, man kann es ja auch ganz anders sehen (und machen)!" Deshalb sind sie auch für Lernen und Kompetenzentwicklung interessant: Sie ermöglichen oft neue Ideen und Impulse für die eigenständige Lösungsfindung!

TABELLE 1: FRAGENTYPEN SYSTEMISCHER FRAGEN		
FRAGENTYP	**ZWECK**	**BEISPIELE**
OFFENE FRAGEN (W-FRAGEN)	Um Informationen zu erhalten, Sachverhalte auszuleuchten	• Woran erkennen Sie das Problem? • Wer ist davon betroffen? • Wann tritt es in der Regel auf?
GESCHLOSSENE FRAGEN	Fragen, um Fakten zu prüfen	• Sind Sie dafür verantwortlich?
ZIEL- UND LÖSUNGS-ORIENTIERTE FRAGEN	Unterstützung, um eine Lösungshaltung einzunehmen	• Wo wollen Sie hin? • Wie könnte der Weg zur Lösung aussehen? • Was können Sie dazu beitragen?
FRAGEN NACH MUSTERN	Um wiederholte Handlungsweisen aufzudecken und zu verändern	• Wie gehen Sie in der Regel an so ein Problem heran? • Was tun Sie genau der Reihe nach? • Welche Schritte könnten Sie weglassen, damit das Problem gar nicht erst entsteht?

[36] Die Frage „Und was noch...?" kann dabei durchaus mehrfach gestellt werden. Auch wenn ein monotones „Und was noch...?" nach dem vierten oder fünften Mal das Gegenüber vielleicht nerven kann, ist es (unserer Erfahrung nach) erstaunlich, wie gut die Frage dabei unterstützen kann, seine Aussagen und Gedanken zu konkretisieren bis sie „drehbuchtauglich" sind.
[37] Eine kompakte Einführung bietet Patrzek, 2016

FRAGENTYP	ZWECK	BEISPIELE
VERHALTENSFRAGEN	Um in schwierigen Situationen Verhaltensänderung zu ermöglichen	· Was tun Sie, um die Situation herbeizuführen? · Was tun die anderen? · Wie verhält sich Ihr/e Kolleg:in?
FRAGEN NACH UNTERSCHIEDEN	Ermöglicht Verallgemeinerungen aufzulösen	· Was haben Sie dieses Mal anders gemacht als beim letzten Mal?
HYPOTHETISCHE FRAGEN	Um in eine Lösungssituation zu versetzen, gedankliches Experimentieren zu unterstützen	· Angenommen Sie würden die Aufgaben neu verteilen, wie glauben Sie, würden Ihre Mitarbeiter:innen reagieren? · Stellen Sie sich vor, Sie würden sich anders verhalten, wie würden Ihre Kolleg:innen reagieren?
PARADOXE FRAGEN	Um ein als problematisch bewertetes Handlungsmuster zu verändern	· Was müssen Sie tun, damit das Problem schlimmer wird? · Wie müssen Sie sich in der Gruppe verhalten, damit man Sie auf keinen Fall anerkennt?
VERRÜCKTE FRAGEN	Um neue Handlungsweisen anzuregen	· Angenommen Sie könnten sich selbst verzaubern, welche Eigenschaften würden Sie sich herbeizaubern?
ZIRKULÄRE FRAGEN	Um Systemzusammenhänge zu erkennen, um das Umfeld mit einzubeziehen	· Was denken Sie, wie würde ein/e Kund:in die Situation bewerten? · Was glauben Sie, denken die Kolleg:innen über Ihre Arbeit? · Wie hätten Sie gehandelt, als Sie ganz neu im Unternehmen waren?

Welche Gefahr bergen Fragen?

Wer fragt, führt!

Fragen bergen immer die Gefahr, ein Gespräch zu stark zu steuern und zu lenken. Wer die Fragen stellt, übernimmt die Initiative und bestimmt die Richtung des Gesprächs. Den Gesprächspartner:innen wird der Faden aus der Hand genommen. Daher kann allzu direktes Fragen bei den Befragten Widerstand hervorrufen. Darüber hinaus fokussieren Fragen die Aufmerksamkeit auf den Inhalt des Gesprächs sowie auf sachliche Argumente und eher weg vom Befinden und den Gefühlen. Sie lenken die Befragten davon ab, sich mit sich selbst und der eigenen Problemlösung zu befassen und verstärken bei den Fragenden die Haltung, das Problem für den Anderen lösen zu müssen. Umso wichtiger ist es, Fragen sinnvoll zu dosieren und sich der eigenen Fragehaltung bewusst zu sein.

3.2 Wie kommuniziere ich mit Lernenden in schwierigen (Lern-)Situationen?

Ein Gespräch, bei dem eine/r der Beteiligten eine schwierige Situation zu bewältigen hat, sei es privat oder in der Arbeit, unterscheidet sich von anderen Formen der Unterhaltung. Wir alle kennen Situationen, in denen wir versuchen, Freund:innen Ratschläge zu geben, und wir alle wissen, dass das gar nicht einfach ist. Die Freund:innen reagieren auf unsere gut gemeinten Vorschläge oft mit „ja, aber...." oder mit „nein, das geht so nicht!" Oder sie stimmen uns zu und setzen unsere Vorschläge dann nicht in die Tat um. Die wohlmeinenden Helfenden reagieren darauf mit Ratlosigkeit oder gar mit Ärger: „Dem/der ist halt einfach nicht zu helfen!"

Tatsächlich reagieren die meisten Menschen auf Ratschläge mit Skepsis und Abwehr.[38] Sie fühlen sich nicht ernst genommen und bevormundet. Ihre eigenen Fähigkeiten zur Problemlösung werden dabei nicht angesprochen, und bei der nächsten Hürde benötigen sie mitunter die gleiche Hilfe wieder. Meist steht nämlich hinter der Frage nach einem Ratschlag etwas ganz anderes, und zwar der Wunsch, endlich einmal davon erzählen zu können, was einen schon lange belastet. So kann zum Beispiel hinter der sachlichen Frage eines Auszubildenden nach alternativen Ausbildungsbetrieben die Angst stecken, den Anforderungen der Ausbildung nicht gewachsen zu sein, und die sachliche Antwort, nämlich eine Aufzählung von möglichen Betrieben, würde dem Problem nicht gerecht werden. Insgesamt blockieren Ratschläge die Kommunikation eher, als dass sie helfen.

Sprichwörtlich: „Ratschläge sind auch Schläge!" Ein direkter Rat bzw. eine Sachinformation ist nur dann angebracht, wenn es sich tatsächlich um ein Informationsproblem handelt und der Andere direkt danach fragt.[39]

Niemand kann ein Problem für einen anderen Menschen lösen, und sei er noch so hilfsbereit, kompetent und willig. Denn jeder Mensch kennt seine eigenen Probleme besser als jede/r Außenstehende und kann auch besser Lösungen dafür erarbeiten. Aber man kann einem/einer Anderen helfen, sich selbst zu helfen. Das Wichtigste dabei ist: Zuhören! Je mehr man den/die Andere/n zu Wort kommen lässt, desto mehr schafft man eine Atmosphäre, in der sich Vertrauen entwickeln kann. Für den/die Zuhörende/n geht es in erster Linie darum, eine Haltung zu entwickeln, mit der es möglich wird, Verständnis für das Anliegen, die Gedanken und die Befindlichkeit des/der Anderen aufzubringen. Damit ein Mensch sich öffnen kann, muss er wirkliches Interesse, Wohlwollen und Akzeptanz erleben. Menschen brauchen ein Gegenüber, das zuhört und versteht, dem sie sich anvertrauen können und in dessen Gegenwart sie sich auch mit ihren Ängsten und Sorgen auseinandersetzen können.

In Kontexten von Aus- und Weiterbildung ist das ganz besonders wichtig, da der Veränderungsprozess des Lernens immer auch mit Emotionen einhergeht: man arbeitet an etwas, das man noch nicht kann und kennt. Man weiß nicht, wie gut man damit vorankommt, wo man vielleicht steckenbleibt und nicht weiterkommt, usw. Besonders Emotionen wie Ängste, Sorgen und Zweifel sind dabei völlig normal und sollten von Lernbegleiter:innen ernst- und wahrgenommen werden. Schaffen Lernbegleiter:innen es, in (Lern-)Gesprächen eine geschützte Atmosphäre herzustellen, in der solche Emotionen Platz finden, eingebracht und besprochen werden können, wird es viel besser möglich, Schwierigkeiten gemeinsam zu behandeln (anstatt dass Lernende Ängste, Sorgen etc. *in sich hineinfressen*).

Die dialogische Haltung (vgl.Kapitel 2) bietet genau hier besondere Ansatzpunkte, um ein Gespräch in einer schwierigen (Lern-)Situation mit Lernenden zu führen, sich wirklich einzufühlen und so den Lernenden zu helfen, ihre eigenen Lösungen in sich zu entdecken.

[38] Vgl. Rogers, 1991
[39] Vgl. Rogers, 1991

3.3 Wie hilft die personenzentrierte Gesprächsführung nach Carl Rogers?

Das Fundament der dialogischen Haltung bilden unter anderem die bereits angeführten Grundhaltungen, die Carl Rogers formuliert hat. Neben diesen Grundhaltungen beschreibt Carl Rogers in seinem Ansatz der personenzentrierten Gesprächsführung noch weitere Aspekte der Gesprächsführung, die für eine lernförderlich gestaltete Gesprächsführung interessante Anhaltspunkte bieten. Sie machen es lohnenswert, diesen Ansatz ausführlicher zu betrachten.

In den 1950er und 1960er Jahren beobachtete Carl Rogers, US-amerikanischer Psychologe, eine große Anzahl von Gesprächen und versuchte dabei herauszufinden, welches Verhalten und vor allem welche Haltung von Berater:innen und Therapeut:innen Ratsuchende am besten unterstützten und bei ihnen am ehesten positive Veränderungen hervorriefen. Seine Beobachtungen zeigten: Am besten gelang das, wenn ein Mensch dabei unterstützt wurde, seine Probleme selbst zu lösen und als Verantwortlicher sein Leben selbst zu gestalten. Dies führte Rogers zu einem Menschenbild, das den Menschen als einen Organismus betrachtet, der fähig ist, sich selbst zu erhalten, sich weiterzuentwickeln und „Reife" zu erlangen. Jeder Mensch besitzt demnach die Fähigkeit, sich selbst zu verstehen und sich konstruktiv zu verändern. Laut Rogers wohnt jedem Organismus eine Tendenz inne, die danach strebt, sich „zum Positiven" hin zu entwickeln. Er nennt dies die Tendenz zur Selbstverwirklichung.

Zitat C. Rogers (angelehnt an Laotse):

> Wenn ich Menschen nicht dazwischenfahre, passen sie auf sich selbst auf, wenn ich Menschen nicht befehle, verhalten sie sich von selbst richtig. Wenn ich Menschen nicht predige, werden sie von selbst besser, wenn ich mich Menschen nicht aufdränge, werden sie sie selbst."[40]

Um diese Gesichtspunkte in einem Gespräch sinnvoll umzusetzen, sind zwei Aspekte wichtig: zum einen eine kommunikationsfördernde Grundhaltung beziehungsweise Einstellung den Gesprächspartner:innen gegenüber, zum anderen aber auch gesprächstechnische Fertigkeiten als Handwerkszeug der Gesprächsführung.

Welche Grundhaltungen kennzeichnen die personenzentrierte Gesprächsführung?

Die Tendenz zur Selbstverwirklichung kann sich am besten entwickeln, wenn der/die Gesprächspartner:in folgende Grundhaltungen einnimmt[41] (ausführliche Beschreibung s. Kapitel 2.4):

- Einfühlendes Verstehen (Empathie)
- Unbedingte Wertschätzung (Akzeptanz)
- Echtheit (Kongruenz)

Welche gesprächstechnischen Fertigkeiten (Methoden) sind hilfreich? (Auswahl)

Mit gesprächstechnischen Fertigkeiten werden die methodischen Vorgehensweisen bezeichnet, die während eines Gesprächs zur Anwendung kommen. Zu den wichtigsten gehören:

1. „Straßensperren der Kommunikation" vermeiden,
2. Türöffner benutzen und
3. Aktiv Zuhören. Dabei gilt das Aktive Zuhören als die wichtigste und wirkungsvollste Gesprächskompetenz.

---

[40] Rogers, 1991: S. 37
[41] Vgl. Rogers, 1991

1. Straßensperren der Kommunikation vermeiden

Damit ein Mensch sich verstanden fühlt, ist es zunächst einmal notwendig, eine Reihe von unzweckmäßigen Äußerungen zu vermeiden. Diese so genannten Straßensperren der Kommunikation führen dazu, dass sich Gesprächspartner:innen unverstanden und bevormundet fühlen und nicht mehr bereit sind, weiter über sich zu sprechen. Die häufigsten Straßensperren[42] sind:

Befehlen, anleiten, kommandieren:
„Hör auf, dich zu beklagen!"
„Du musst dich mehr anstrengen!"

Warnen, ermahnen, drohen:
„Das wirst du bleiben lassen, wenn du weißt, was für dich gut ist!"
„Noch so eine Bemerkung wie diese, und du bekommst Probleme mit mir!"
„Wenn du nicht aufhörst zu trinken, wirst du unter der Brücke landen!"

Zureden, moralisieren, predigen:
„Du musst endlich lernen, dich zu disziplinieren!"
„Du musst unbedingt mehr für die Berufsschule lernen."

Vorschläge machen, Lösungen vorgeben:
„Warum machst du die unangenehmen Arbeiten nicht zuerst, dann hast du später deine Ruhe?"

Belehren, Vorhaltungen machen:
„Auszubildende müssen lernen sich zu vertragen."
„Als ich so alt war wie du, musste ich doppelt so viel arbeiten."

Urteilen, kritisieren, beschuldigen:
„Entweder bist du ganz einfach faul oder du bist zu dumm dafür!"
„Das ist ein unreifer Standpunkt."
„Da bist du völlig im Unrecht."

Loben:

„Eigentlich bist du doch ein recht tüchtiger junger Mann. Ich bin sicher, du wirst noch dahinter kommen, wie man das macht."

„Du hast die Fähigkeit etwas zu leisten."

„Also, ich finde dich eigentlich schon ganz hübsch."

Schimpfen, lächerlich machen:

„Du benimmst dich, als hättest du zwei linke Hände!"

„Du bist ein verzogenes Gör."

Trösten, beruhigen, bemitleiden:

„Du bist nicht der Einzige, dem es so geht."

„Morgen denkst du sicher anders darüber."

„Alle Jugendlichen machen das gelegentlich durch."

„Bei deiner Begabung könntest du ein ausgezeichneter Handwerker sein."

„Mit deinen Kolleg:innen verstehst du dich doch sonst sehr gut."

Ablenken, aufheitern:

„Lass uns über etwas Angenehmeres reden."

„Ich sehe da kein Problem!"

„Denk einfach nicht mehr daran."

„Das habe ich früher auch durchgemacht."

Alle diese Äußerungen sind destruktiv, denn sie signalisieren dem/der Anderen, dass seine/ihre Empfindungen und Bedürfnisse nicht wichtig sind. Sie rufen als Reaktion entweder Widerstand, Empörung und Feindseligkeit hervor oder Schuldgefühle und ein Gefühl von Minderwertigkeit.

---

[42] Vgl. Gordon, 2002

2. Türöffner benutzen

Mit „Türöffnern" sind Aufforderungen am Beginn oder auch im Verlauf eines Gesprächs gemeint, die ein/e Gesprächspartner:in ermuntern, mehr zu sagen. Sie fordern dazu auf, jemand Anderen an seinen eigenen Gedanken, Urteilen oder Empfindungen teilhaben zu lassen. Sie öffnen die Tür und fordern zum Sprechen auf. Die einfachsten unter ihnen sind so unverbindliche Erwiderungen, wie:

„Aha"
„Mhm"
"Tatsächlich."
"Interessant."

Andere übermitteln die Aufforderung, zu sprechen oder mehr zu sagen, noch etwas deutlicher:

„Erzähl mir davon!"
„Dein Standpunkt würde mich interessieren."
„Gibt es etwas, worüber Du mit mir sprechen möchtest?"
„Möchtest du mehr davon erzählen?"
„Das klingt, als berühre dich das sehr stark"
„Das scheint etwas zu sein, das dir sehr wichtig ist."

Diese Türöffner ermuntern einen anderen Menschen dazu, mit dem Sprechen zu beginnen oder weiterzusprechen. Außerdem sorgen sie dafür, dass die Gesprächsinitiative bei dem/ der Anderen bleibt. Sie übermitteln die Botschaft: „Ich interessiere mich für dich!"

3. Aktiv Zuhören

Es gibt noch weitere Formen der Erwiderung auf eine Botschaft, die noch wirksamer sein können als Türöffner. Aktives Zuhören hilft, das Gespräch in Gang zu halten und dem/der Gesprächspartner:in zu signalisieren, dass man *ganz Ohr* ist, auch dadurch, dass man in eigenen Worten das Gehörte wiederholt und auch wahrgenommene Gefühle in Worte fasst.

Paraphrasieren

Beim Paraphrasieren zeigen Zuhörende, ob sie die Aussagen der Ratsuchenden wirklich verstanden haben. Dabei werden für den Verlauf des Gesprächs bedeutsame Inhalte mit eigenen Worten wiederholt oder umschrieben. Paraphrasieren erfolgt in der Regel in Aussageform. Das Paraphrasieren der Inhalte dient dem besseren Verstehen und regt zur Reflexion an.

BEISPIELE

„Sie finden, Sie werden in der Ausbildung zu wenig gefordert."
„Ihnen wäre es wichtig, dass Sie bei Ihrer Ausbildung Anregungen erhielten, die Sie stärker herausfordern."

Verbalisieren emotionaler Erlebnisinhalte

Das Verbalisieren emotionaler Erlebnisinhalte geht über das Paraphrasieren noch hinaus. Hierbei wird versucht, in der Antwort auf die Gefühle einzugehen, die in dem Gespräch von Bedeutung sein könnten, und sie auszudrücken. Das Verbalisieren kann entlastend sein bei emotionaler Betroffenheit.

„Sie sind enttäuscht, dass Sie in Ihrer Ausbildung zu wenig gefordert werden."
„Sie sind in Sorge, dass Sie bei uns nicht genügend auf Ihre Abschlussprüfung vorbereitet werden."

Sowohl durch die Wiederholung von Gesprächsaussagen als auch durch das Ansprechen von Gefühlen, die im Gespräch eine Rolle spielen, können Lernende erkennen, dass die Lernbegleiter:innen ihnen zuhören, dass sie ihre Gesprächsbeiträge ernst nehmen und dass sie sich für ihre Anliegen und Gedanken interessieren.

Das aktive Zuhören gilt als die wichtigste und wirkungsvollste Gesprächstechnik, da es die oben genannte kommunikationsfördernde Haltung am stärksten sichtbar macht und umsetzt. Sie gibt Gesprächspartner:innen das Gefühl, verstanden und akzeptiert zu werden. Das ist gerade für Lernende sehr wichtig, weil Lernen an sich immer auch mit Verunsicherung zu tun hat, damit, etwas (noch) nicht zu können oder sich nicht sicher zu sein, ob man es (bereits) richtig macht.

Eine Haltung, die Lernbegleitende mithilfe des Aktiven Zuhörens ausstrahlen können ist: Ich bin *ganz Ohr*, es interessiert mich *wirklich*, was du mir sagst, ich frage nicht nur der Form halber. Im Gegenteil: ich will dich richtig verstehen, weil ich dich ja möglichst gut unterstützen möchte! Und: ich kann mich in dich hineinversetzen, kann nachvollziehen, wie es dir (z.B. mit einer schwierigen Arbeits-/Lernaufgabe oder Ausbildungssituation) geht.

3.4 Wo liegen die Grenzen von Gesprächstechniken?

In der Kommunikation gibt es keinen *„Vorsprung durch Technik"*. Deshalb ist die (dialogische) Haltung so wichtig. Denn auch die beste Technik bleibt ohne die passende Haltung wirkungslos.

Auf Basis der dialogischen Haltung können bestimmte Techniken aber helfen. Sie können zum Beispiel dabei unterstützen, einladend zu kommunizieren oder eine Art und Weise der Kommunikation zu vermeiden, durch die das Gegenüber sich unverstanden, nicht ernst genommen oder gar von oben herab behandelt fühlt.

Zugleich kann es helfen, Kniffe dafür zu kennen, wie man das Gegenüber verbal dazu ermuntern kann, mehr zu sagen und sich (stärker) als ganze Person ins Gespräch einzubringen. Dazu hilft es natürlich ebenso, sich typischer *Straßensperren der Kommunikation* bewusst zu sein und sie zu vermeiden wie *Türöffner* und andere Werkzeuge des Zuhörens gezielt anzuwenden.

Und Anwendung ist dabei das Wichtigste! Denn eine personenzentrierten Gesprächsführung erlernt man natürlich nicht, indem man dieses Essential liest. Eine dialogische Haltung kann man nicht einnehmen, nur weil man weiß, was das ist. Wie jede Technik (griech: téchne: Kunst, Handwerk, Kunstfertigkeit) kann man auch *wirkungsvolle* Gesprächstechniken nur im Tun erlernen. In der Reflexion des dabei Erlebten (Was gelang mir bereits, wo muss ich nachschärfen?) kann man immer besser darin werden, Gespräche angemessen und lernförderlich zu gestalten – auch unterstützt durch Gesprächstechniken, die man sich dabei zunehmend zu eigen machen kann.

Teil 4

Worin liegt die Bedeutung von Konflikten
in der Aus- und Weiterbildung?

Lernen und Kompetenzentwicklung sind getragen von Kommunikation zwischen den Beteiligten und sind zum anderen Prozesse, die nie ohne Emotionen stattfinden. Wie bereits ausgeführt, ist Kommunikation nicht anspruchslos. Im Gegenteil: es ist normal, dass sie auch zu Missverständnissen führt. Bestimmte Kommunikationsformen können schnell demotivierend wirken. Missverständnisse ebenso wie demotivierende oder unklare Kommunikation können Überforderung, empfundene Ungerechtigkeit oder Hilflosigkeit auslösen. In Lernprozessen ist es wesentlich, dass solche Emotionen kanalisiert und konstruktiv aufgenommen werden, was eine anspruchsvolle Aufgabe darstellt.

Es wird immer Situationen geben, in denen Lernende untereinander oder Lernende und Lernbegleitende sich missverstehen und sich Missverständnisse aufschaukeln. Auch die Annahme, mit Emotionen könne immer rational und verständnisvoll umgegangen (und damit Streit vermieden) werden, ist äußerst unwahrscheinlich. Konflikte gehen ihrerseits mit negativen Emotionen einher, die Lernen erschweren oder verhindern und den Aus- und Weiterbildungsalltag negativ beeinflussen können.

Aus diesem Grund ist es für Aus- und Weiterbildende wichtig, Konflikte und ihre Ursachen möglichst frühzeitig erkennen und sie konfliktverhindernd bzw. -lösend behandeln zu können. Hierfür ist ein Verständnis wichtig, was Ursachen für Konflikte sein können, wie Konflikte sich aufschaukeln und eskalieren, welche Umgangsmuster mit Konflikten sich erkennen lassen und wie man mit Konflikten konstruktiv umgehen kann.

Denn Konflikte bergen große Risiken und Chancen in sich:
Das *Risiko* ist tatsächlich ihre Verhärtung und Eskalation, an deren Ende formell oft Abbrüche der Aus- oder Weiterbildung stehen. Der Weg dorthin ist meist mit unterschiedlich großen Verwerfungen und *Scherbenhaufen* gepflastert, bis hin zu persönlichen Verletzungen durch psychische und physische Gewalt.[43]

Eine *Chance* liegt darin, dass in Meinungsverschiedenheiten immer auch neue, innovative und kreative Lösungsansätze gefunden werden können, wenn es gelingt, konstruktiv mit ihnen umzugehen. Es geht dann darum, beginnende, potenzielle oder schwelende Konflikte frühzeitig zu erkennen und sie produktiv in Prozesse gemeinsamer Lösungsfindung umzumünzen. Je besser man darin wird, Konfliktpotenziale wahrzunehmen und beginnende und schwelende Konflikte dialogisch und empathisch zu bearbeiten, desto größer ist auch die Wahrscheinlichkeit, diese Wendung vom Konfliktrisiko zur Gestaltungschance zu schaffen.

Eine weitere Chance in jeder Konfliktbearbeitung liegt darin, sich besser kennenzulernen – Lernbegleitende können Lernende besser verstehen und einschätzen lernen und Lernende den/die Lernbegleitende:n. Einen Konflikt gemeinsam zu meistern, kann verbinden, zusammenschweißen und das gegenseitige Vertrauen ineinander stärken. Die gemeinsame Konfliktlösung kann es ermöglichen, seine sozialen und personalen Kompetenzen zu erleben und das Zutrauen in die eigene und die gemeinsame Problemlösefähigkeit und Selbstwirksamkeit stärken.

---

[43] Vgl. Eskalationsstufen nach Glasl, 2013: S. 235ff. (siehe auch S. 64-65 in diesem Essential)

Teil 5

Was ist überhaupt ein Konflikt
und welche Arten gibt es?

Konflikte reichen von alltäglichen Reibereien über Streitigkeiten bis hin zu schwerwiegenden Erscheinungen wie Mobbing und Gewaltanwendung. Häufig werden Konflikte als etwas Negatives und Destruktives gesehen, da sie den reibungslosen Ablauf stören. Dies sind sie jedoch nur, wenn sie nicht offen angesprochen und geklärt werden (oder eben in Mobbing oder Gewalt eskalieren). Generell können Konflikte durchaus positive Auswirkungen haben:

- Sie weisen auf Probleme hin und helfen Missstände aufzudecken.
- Sie schärfen das Problembewusstsein von Beteiligten und Betroffenen.
- Sie führen Klärungsprozesse herbei und brechen festgefahrene Strukturen auf.
- Sie können die Kommunikation intensivieren.
- Sie setzen Veränderungen in Gang und verhindern Stillstand.
- Sie unterstützen die Lösungsfindung.
- Sie können zur Selbsterkenntnis beitragen.
- Sie können den Zusammenhalt in einer Gruppen festigen.
- Im produktiven Umgang mit Konflikten können die Beteiligten wichtige soziale und personale Kompetenzen erleben bzw. aufbauen.

Konflikte sind eine unvermeidbare und für den sozialen Wandel notwendige Begleiterscheinung des Zusammenlebens in allen Gesellschaften. Sozialer Wandel geht fast zwangsläufig mit Konflikten einher, die zuweilen auch gewaltsam und destruktiv sein können. Eine systematische Vermeidung und Diskreditierung von Konflikten wäre kontraproduktiv, weil sie gesellschaftliche Veränderungsprozesse blockieren würden. Ein Ziel der Erforschung von Konflikten besteht darin, Mittel und Wege zu finden, wie Konflikte möglichst gewaltfrei und konstruktiv ausgetragen werden können, damit von ihnen möglichst produktive Lern- und Veränderungsimpulse für alle Beteiligte ausgehen.

Nicht jede Meinungsverschiedenheit ist schon ein Konflikt. Bloße Unterschiede in Interessen oder Auffassungen müssen nicht zwangsläufig konflikthaft sein. Erst wenn wenigstens eine Person oder Gruppe der Meinung ist, dass sie beim Artikulieren oder Realisieren ihrer Auffassung von der Gegenpartei *aktiv behindert* wird, spricht man von einem Konflikt.[44]

Als Konflikt kann also eine mindestens von einer Seite als emotional belastend und/ oder sachlich inakzeptabel empfundene Interaktion bezeichnet werden, die durch eine Unvereinbarkeit der Verhaltensweisen, der Interessen und Ziele sowie der Annahmen und Haltungen der Beteiligten gekennzeichnet ist.[45]

Zur Eskalation eines Konflikt führt, wenn sich eine Dynamik entwickelt, in deren Verlauf nicht mehr die sachlichen Argumente im Vordergrund stehen, sondern das Bestreben, den/die Andere:n emotional *zu treffen*, ihn/sie persönlich anzugreifen und als *Sieger* aus der Auseinandersetzung hervorzugehen.

Jeder Konflikt umfasst idealtypisch drei Komponenten:

- ein widerstreitendes Verhalten der Konfliktparteien, das den Konflikt anzeigt und ihn allzu oft weiter verschärft (z.B. Achtlosigkeit, Kommunikationsverweigerung, Konkurrenz, verbale Angriffe, physische Gewalt),
- unvereinbar erscheinende Interessen und Ziele der Konfliktparteien (z.B. Streben nach sozialer Anerkennung oder nach materiellem Gewinn zu Lasten anderer),
- unterschiedliche Annahmen und Haltungen der Beteiligten in Bezug auf die Ursachen des Konflikts, ihre eigene Stellung/Rolle innerhalb des Konflikts und die Bewertung der anderen Konfliktparteien (z.B. Stereotype, Vorurteile und Feindbilder).

Die Konfliktforschung unterscheidet zusätzlich noch zwischen der sichtbaren bzw. manifesten und der latenten Ebene eines Konflikts. Das Verhalten der Konfliktparteien bildet die manifeste Ebene. Dagegen bleiben die Interessen und Ziele sowie die Annahmen und Haltungen der Konfliktparteien häufig im Dunkeln. Sie bilden die unsichtbare oder latente Ebene der Auseinandersetzung."[46]

[44] Siehe Glasl, 2013: S. 17
[45] Siehe Schrader, 2018
[46] Schrader, 2018: Abschnitt Konfliktdefinition

Warum ist es wichtig, das Eisbergmodell zu berücksichtigen?

Dem in der Kommunikationspsychologie etablierten Eisbergmodell[47] nach liegen durchschnittlich nur etwa 10 bis 20 Prozent unserer Kommunikation auf der Sachebene. Nur dieser Anteil ist also tatsächlich sicht- bzw. − besser: hörbar, da er verbal geäußert wird. Es handelt sich dabei um Faktenaussagen, kommunizierte Absichten, Ziele, Aufgaben, Argumente und Positionen usw. Daher wird bei diesem Anteil auch von der *Sachebene* gesprochen. Der sehr viel größere Teil, 80 bis 90 Prozent, ist nicht direkt wahrnehmbar, es handelt sich um nonverbale, also nicht sprachlich geäußerte Aspekte, die aber in der Kommunikation eine sehr wichtige Rolle spielen, z.B.: Bedürfnisse, Wünsche, Emotionen. Dieser Anteil wird als die *Beziehungsebene* bezeichnet.

Besonders interessant wird dieses Modell bei Konflikten. Denn bei ihnen geht es in den seltensten Fällen um reine Sachthemen, sondern meist um tieferliegende, latente Aspekte. So wie bei einem Eisberg der größte Teil unter der Wasseroberfläche liegt − was bekanntlich der Titanic zum Verhängnis wurde, so geht auch bei Konflikten die Hauptdynamik in der Regel von den hinter den Sachfragen liegenden, wertbasierten und oftmals emotional aufgeladenen Bedürfnissen und Wünschen aus. Verhängnisvoll kann es werden, bei Versuchen der Konfliktlösung ausschließlich an den Sachthemen festzuhalten.

SACHEBENE
ZAHLEN, DATEN, FAKTEN
ZIELE
AUFGABEN
POSITIONEN

BEZIEHUNGSEBENE
EMOTIONEN
BEDÜRFNISSE
WÜNSCHE
ÄNGSTE
SYMPATHIEN
EINSTELLUNGEN
WERTE

Abb. 3: Eisbergmodell

Welche Arten von Konflikten gibt es?

Konflikte lassen sich anhand der beteiligten Personen einteilen in

1. Konflikte, die sich innerhalb einer Person abspielen (*intrapersonelle* Konflikte).
2. Konflikte, die sich zwischen zwei Personen abspielen (*interpersonelle* Konflikte).
3. Konflikte, die sich innerhalb einer ganzen Gruppe (*intra-Gruppenkonflikt*) oder zwischen Gruppen (*Inter-Gruppenkonflikte*) abspielen.
4. Einen Sonderfall stellt das *Mobbing* dar, hierbei handelt es sich um einen Konflikt zwischen einer Gruppe und einem/einer Einzelnen.

Des Weiteren lassen sich folgende Konfliktarten unterscheiden:[48]

- *Zielkonflikte* entstehen, wenn verschiedene Ziele im Widerspruch zueinander stehen oder wenn zwei Parteien unterschiedliche Ziele verfolgen.
- *Wertekonflikte:* Wertekonflikte entstehen, wenn die Beteiligten wegen ihrer persönlichen Werte mit anderen in Widerspruch geraten.
- *Verteilungskonflikte:* Die Konfliktparteien können sich nicht über die Verteilung von finanziellen, personellen, instrumentellen Ressourcen einigen. Die Kontrahent:innen schätzen den Wert der Ressourcen hoch ein, diese können aber nicht gleichzeitig auf alle Konfliktparteien verteilt werden.
- *Beziehungskonflikte:* Auslöser von Beziehungskonflikten ist das Gefühl, von anderen Personen nicht akzeptiert oder wertgeschätzt zu werden. Eine weitere Auslösesituation ist der tatsächliche oder vermeintliche Übergriff in andere Kompetenzbereiche.
- *Rollenkonflikte:* Hier entstehen Konfliktsituationen daraus, dass eine Person nicht weiß, wie sie sich in einer Situation verhalten soll. Diese Unsicherheit resultiert aus unterschiedlichen Loyalitäten, die miteinander unvereinbar erscheinen.

[47] Vgl. Watzlawick/Beavin/Jackson, 1969
[48] Solga, 2008: S. 125

Man kann Konflikte aber auch nach ihrer Intensität unterscheiden:

Was sind schwelende Konflikte?

Falls Konfliktpotenzial vorhanden ist, aber es noch nicht zur offenen Auseinandersetzung gekommen ist, spricht man von schwelenden Konflikten. Folgende Verhaltensweisen können auf schwelende Konflikte hinweisen:

- Beteiligte gehen ungeduldig miteinander um
- Man fällt sich gegenseitig ins Wort
- Ideen und Standpunkte der anderen werden angegriffen bzw. auf den eigenen Standpunkten wird beharrt
- Man kann sich nicht einigen
- Argumente werden emotional und heftig vorgetragen
- Ein aggressiver Unterton herrscht vor
- Man greift sich gegenseitig auf subtile Weise persönlich an, macht ironische Bemerkungen übereinander
- Es wird abfällig über die anderen gesprochen, auch gegenüber Außenstehenden
- Die Beteiligten fühlen sich unverstanden
- Beiträge der anderen werden „verdreht"
- Cliquenbildung
- Suche nach Verbündeten

Wann spricht man von heißen oder kalten Konflikten?[49]

Man unterscheidet aber auch heiße und kalte Konflikte. Heiß werden Konflikte genannt, wenn *die Fetzen fliegen* und allen klar ist, dass etwas aus der Balance geraten ist. Kalte Konflikte folgen meist einer heißen Phase. Der Konflikt schwelt unter der Oberfläche weiter, während nach außen hin alles wieder in Ordnung zu sein scheint.

TYPISCHE MERKMALE HEISSER UND KALTER KONFLIKTE (in Anlehnung an Glasl, 2013: S. 77ff.)	
HEISSE KONFLIKTE	**KALTE KONFLIKTE**
• Die Parteien erhitzen sich für ihre eigenen Ziele, wollen die Gegenpartei überzeugen, gewinnen Anhänger • Übermotivation: Parteien wehren Kritik an ihren Motiven ab, fühlen sich über jeden Zweifel erhaben, sind expansiv eingestellt, versuchen ihre Anhängerschaft zu vergrößern • Überschuss an Aktivität, Parteien suchen einander, Konflikte dienen der Begegnung und der Konfrontation • Bild des überfüllten Marktplatzes, weil jede/r den Konflikt mit dem/der anderen austrägt • Regeln und Prozeduren werden als hemmend über Bord geworfen, es wird direkter Kontakt angestrebt • Es kommt zu zahlreichen Entladungen und „Explosionen", d.h. verbale Angriffe oder andere extrovertierte Aktionen • Überlegenheitsgefühle, Glaube an die eigene Überlegenheit	• Die Parteien haben jeden Glauben an konstruktive Ziele verloren, sie dämpfen gegenseitig die Begeisterung, blockieren, hindern, bremsen • Frustration, Sarkasmus, Zynismus, Desillusion • Die Parteien geben (persönlich) ehrlich negative Motive zu, weisen Verantwortung für die Folgen ihres Tuns für die Gegenpartei ab • Kontakt vermeidende oder ausweichende Rückzugshaltung • Parteien gehen einander aus dem Weg, soziale Erosion, Zerfall der Gruppe in isolierte kleine Bestandteile • Das Ausweichen wird zum System und ist in unpersönlichen Regeln und Prozeduren festgelegt • Viele „Implosionen", ohne dass die andere Seite es mitbekommt: Zusammenbruch, Angst und Verdruss, Selbstbeschuldigungen • Mangel an Selbstvertrauen, Zweifel

[49] Glasl, 2012: Kapitel 3.8

Auch kalte Konflikte können weiter eskalieren. Bevor sie effektiv bearbeitet werden können, müssen kalte Konflikte erst *erwärmt* werden, d.h. die Konfliktparteien müssen wieder bereit sein, sich direkt über den Konfliktgegenstand auseinander zu setzen. Zur Bestimmung, wie *heiß* oder *kalt* ein Konflikt ist, kann eine Einschätzung der folgenden Merkmale helfen.

offen und direkt konfrontierend	5 · 4 · 3 · 2 · 1	„von hinten herum"
sichtbare Aggressionen	5 · 4 · 3 · 2 · 1	verdeckte Aggressionen
mit „schäumendem" Mund	5 · 4 · 3 · 2 · 1	unterdrückte Emotionen
Parteien geben sich idealistisch motiviert	5 · 4 · 3 · 2 · 1	Parteien geben sich zynisch
Haltung: Siegesrausch	5 · 4 · 3 · 2 · 1	„es gibt nichts zu gewinnen"
Parteien suchen Anhänger	5 · 4 · 3 · 2 · 1	Tendenz zum Einzelkämpfertum
Parteien voll Selbstüberschätzung	5 · 4 · 3 · 2 · 1	voll Ohnmachtsgefühl
auf Eroberung / Expansion aus	5 · 4 · 3 · 2 · 1	in „Gräben" zurückgezogen
überheblich	5 · 4 · 3 · 2 · 1	mutlos, deprimiert, ängstlich
sehr emotionsgeladen	5 · 4 · 3 · 2 · 1	sehr unterkühlt
Parteien scheinen überempfindlich	5 · 4 · 3 · 2 · 1	Parteien scheinen unempfindlich
negative Emotionen werden entladen	5 · 4 · 3 · 2 · 1	negative Emotionen werden gestaut
spontane Explosionen	5 · 4 · 3 · 2 · 1	berechnende Aktionen
Parteien geben sich ungebremst	5 · 4 · 3 · 2 · 1	krampfhaft kontrolliert
Jede/r lässt sich gehen	5 · 4 · 3 · 2 · 1	Jede/r ist stark blockiert
Parteien im Aktionsrausch	5 · 4 · 3 · 2 · 1	Beklemmung, Blockaden
spektakuläre Aktionen	5 · 4 · 3 · 2 · 1	heimliche Aktionen
Parteien suchen direkte Reibung	5 · 4 · 3 · 2 · 1	Parteien suchen Distanz
Prozeduren werden durchbrochen	5 · 4 · 3 · 2 · 1	Prozeduren werden gezielt genutzt
sehr formlos	5 · 4 · 3 · 2 · 1	sehr förmlich
Konflikt wird zugegeben	5 · 4 · 3 · 2 · 1	Konflikt wird geleugnet

Abb. 4: Fragebogen zur Bestimmung eines Konflikts nach heiß oder kalt (aus: Glasl 2013, S. 70f.)

Legende: 5 = starke Ähnlichkeit mit dem linken Merkmal, 4 = Ähnlichkeit mit dem linken Merkmal, 3 = Ähnlichkeiten mit beiden Merkmalen, 2 = Ähnlichkeit mit dem rechten Merkmal, 1 = starke Ähnlichkeit mit dem rechten Merkmal

Welche Konfliktursachen gibt es?

Konflikte können ganz unterschiedliche Ursachen haben. Die Ursachen von Konflikten sind ebenso vielfältig wie die Menschen. Einige Beispiele aus dem Arbeitsalltag dienen hier der Veranschaulichung von möglichen Ursachen:

- Mangelnde Ressourcen
- Macht- und Karrierekämpfe
- Sympathie, Antipathie, persönliche Vorurteile zwischen den Teammitgliedern
- Überlastung von Mitarbeiter:innen
- Eine Arbeitsverteilung, die als ungerecht empfunden wird
- Zu hoch gesteckte und damit unerreichbare Ziele
- Unklare Projektaufträge, die unterschiedlich interpretiert werden
- Seilschaften, die mit versteckten Karten spielen (hidden agenda)
- Mangelnde Führungskompetenz von Vorgesetzen
- Mangelnde Identifikation mit dem Projektauftrag
- Schlechte Projektplanung
- Unklare Aufgaben- und Kompetenzverteilung
- Meinungsverschiedenheiten über den richtigen Weg
- Unzureichende Kommunikation
- Gegenseitige Abhängigkeit
- Gefühl, ungerecht behandelt zu werden
- Unklarheit von Verantwortung
- Unvereinbare Persönlichkeiten und Einstellungen
- Wettbewerb
- ….

Überlegen Sie doch einmal selbst: Welche weiteren Konfliktursachen nehmen Sie in Ihrer Arbeit oder Ihrem Leben wahr?

Teil 6

Wie und warum
eskalieren Konflikte?

Die Kenntnis des charakteristischen Verlaufs von Konflikten hilft, möglichst frühzeitig aufmerksam zu werden und durch die Bearbeitung des Konflikts eine weitere Eskalation zu verhindern.

Wenn es den Konfliktparteien nicht gelingt, innezuhalten und der Negativdynamik konstruktiv entgegenzuwirken, geraten sie fast unweigerlich in eine gefährliche Eskalationsspirale, die einem mehr oder weniger allgemeingültigen Muster folgt. Glasl (2013) unterscheidet insgesamt neun Stufen der Konflikteskalation – von der Verhärtung der Meinungen und Standpunkte bis zur totalen Konfrontation, selbst um den Preis der eigenen Vernichtung.

Was zeigen die Eskalationsstufen nach Glasl?

Auch wenn der Eindruck entstehen kann, dass Konflikte plötzlich auftreten, so haben sie doch ihre Vorgeschichte. In den Eskalationsstufen nach Glasl sind auch Stufen enthalten, die jenseits der Grenze zur Legalität liegen und Gewaltanwendung bis hin zur physischen Vernichtung der Gegenpartei beinhalten. Im Rahmen des Zusammenlebens und Zusammenarbeitens in „normalen" und legalen Umständen sind in der Regel die ersten sechs Eskalationsstufen relevant.[50]

ESKALATIONSSTUFE	MERKMALE
STUFE 1 VERHÄRTUNG	Unterschiedliche Standpunkte werden nicht mehr rein an der Sache orientiert geäußert, sondern verhärten sich zeitweise und prallen aufeinander. Es kommt zeitweise zu Kommunikationsstörungen und verbalen Ausrutschern.
STUFE 2 DEBATTE	Die Standpunkte polarisieren sich weiter. Der Ton wird schärfer. Man geht nicht mehr auf die Argumente der Gegenseite ein, sondern beharrt auf dem eigenen Standpunkt und will Recht bekommen. Jede Seite versucht die andere unsicher zu machen.

ESKALATIONSSTUFE	MERKMALE
STUFE 3 TATEN STATT WORTE	Das Vertrauen, durch einen Gedankenaustausch die Lösung der Probleme zu finden, schwindet. Man beäugt sich misstrauisch und unterstellt der Gegenpartei feindliche Absichten. Die Seiten versuchen Fakten zu schaffen.
STUFE 4 IMAGES UND KOALITIONEN	Jetzt werden Verbündete gesucht, man verbreitet stereotype Bilder („Die sind immer die Quertreiber!") über die Gegenpartei. Gerüchte werden gestreut. Gegenseitig manövriert man sich in negative Rollen.
STUFE 5 GESICHTSVERLUST	Öffentliche, willentliche und direkte Angriffe auf die anderen treten auf. Man bildet sich ein, jetzt die wahren Absichten der anderen erkannt zu haben. Deren Gesichtsverlust wird angestrebt.
STUFE 6 DROHUNG UND GEGENDROHUNG	Die Konfliktparteien präsentieren ihre Forderungen und wollen einander mit Drohungen zum Nachgeben zwingen („Wenn ihr nicht…, dann…"). Ultimaten werden gestellt. Wenn nicht spätestens jetzt konfliktklärend eingegriffen wird, beschleunigt sich die Eigendynamik der Eskalation und ist kaum mehr zu stoppen.
STUFE 7 BEGRENZTE VERNICHTUNGSSCHLÄGE	Es wird in *Ding-Kategorien* gedacht, menschliche Qualitäten zählen nicht mehr. Begrenzte Vernichtungsschläge werden als passende Antwort gesehen und ein relativ kleiner eigener Schaden wird nun als Gewinn betrachtet.
STUFE 8 ZERSPLITTERUNG	Der Gegner wird vom *Hinterland* abgeschnürt. Seine vitalen System-Faktoren werden zerstört, dadurch wird das gegnerische System unsteuerbar und zerfällt.
STUFE 9 GEMEINSAM IN DEN ABGRUND	Es gibt keinen Weg mehr zurück. Es geht jetzt um Vernichtung, auch wenn dies bedeutet, dass der Preis die Selbstvernichtung ist.

[50] Vgl. Glasl, 2012: S. 235ff.

Mit zunehmender Eskalation zeigt sich die Tendenz, das ursprüngliche Streitthema aus den Augen zu verlieren. Der Konflikt wird mehr und mehr personalisiert. Welchen Weg der Konfliktverlauf nimmt, ist auch von der Charakterstruktur der Beteiligten abhängig. Entscheidend sind:

- der Ausprägungsgrad der Frustrationstoleranz,
- die Kompromissbereitschaft,
- die Aggressionsbereitschaft und
- die Neigung zur Resignation.

Konflikte sind immer stark emotionalisiert. Heftige emotionale Reaktionen bilden meist den Anfang eines Konflikts. Folgende Anlässe können diese Reaktionen auslösen:

- Ziele werden von außen durchkreuzt (Frustration) und es kann keine Alternative gefunden werden, sie dennoch zu erreichen bzw. die Ziele abzuwandeln,
- Hilflosigkeitsgefühle,
- das Gefühl, sich nicht wehren zu können bzw. zu dürfen,
- Handlungsunfähigkeit,
- Unterdrückung,
- Kränkung,
- seelische, verbale oder körperliche Gewalt,
- wenn wider besseres Wissens Standpunkte vertreten werden müssen, die nicht die eigenen sind.

Eskalierte Konflikte gehen immer auch mit einem Realitätsverlust der Beteiligten einher. Daraus ergibt sich, dass

- das Sachproblem in den Hintergrund rückt und somit nicht gelöst werden kann,
- stattdessen auf Nebenkriegsschauplätzen gekämpft wird,
- die verletzten Gefühle ins Zentrum rücken,

- unsachliche Argumente benutzt werden,
- die Beteiligten sich nicht zuhören und deshalb unzutreffende Schlussfolgerungen ziehen,
- die Beteiligten sofort Kritik an den Ausführungen, Ideen und Vorschlägen der anderen üben,
- sie sich nicht gegenseitig akzeptieren können,
- die Kontrahent:innen nach dem/der Schuldigen suchen, selbst aber mit weißer Weste dastehen wollen,
- die Beteiligten mit den Waffen Machtkampf, Rache oder Intrige zu siegen versuchen,
- diejenigen, die sich unterlegen fühlen, ihre Wut eventuell an Schwächeren auslassen,
- die Kontrahent:innen in den anderen nur noch Negatives wahrnehmen,
- sie einstmals positiv wahrgenommene Eigenschaften der anderen ins Gegenteil verkehren.

Wie kann man Konflikte erkennen und fassen?

Um Konflikte (z.B. für eine Konfliktbearbeitung oder Intervention) im Vorfeld klarer greifen und beschreiben zu können, kann es in Anlehnung an Glasl (2013) hilfreich sein, sich mit den folgenden Fragen ein Bild über die Situation zu verschaffen.

1. Inhaltliche Streitpunkte

- Welche Themen werden von den Konfliktparteien eingebracht?
- Sind diese Punkte für alle Parteien dieselben? Unterschiede/ Gemeinsamkeiten?
- Kennen die Parteien gegenseitig die Konfliktthemen?
- Was sind die Kernpunkte, was sind Randthemen?
- Auf welche Punkte versteifen sich die Parteien besonders?
- Welche Punkte beziehen sich auf die Objektsphäre - welche auf die Subjektsphäre?

2. Konfliktverlauf

- Welche Eskalations-Symptome sind wahrnehmbar?
- Wer befindet sich mit wem auf welcher Eskalationsstufe?
- Wo und wann sind die Wendepunkte aufgetreten (points of no return)?
- Wie stabil oder explosiv ist der Konflikt?
- Wie schnell kann der Konflikt weiter eskalieren?

3. Parteien

- Sind die Konfliktparteien Individuen oder Gruppen?
- Bei Gruppen: Wie locker oder geschlossen sind sie?
- Wer ist Kernperson, d.h. ein/e exponierte/r Akteur:in? Wer ist eher Mitläufer:in?
- Wie ist die Beziehung zwischen der Gruppe und den exponierten Akteur:innen?
- Wie läuft die Kommunikation innerhalb der Konfliktparteien? Wo liegt die Führung, wer entscheidet (mit wem), wer hat Einfluss auf andere?

4. Beziehung zwischen den Parteien

- Wie werden die Beziehungen formal bestimmt (z.B. durch ein Organigramm oder Vorschriften der Organisation etc.)?
- Wie stehen die Parteien zu den formalen Bestimmungen: ablehnend, akzeptierend, unterwandernd, verteidigend, angreifend ...?
- Wie sehen die informellen Beziehungen aus: Wer ist von wem abhängig? Wie lauten die ungeschriebenen „Rollenverträge"?
- Welche Wahrnehmungen/Meinungen haben die Parteien voneinander?
- Welche Verhaltensmuster praktizieren sie?
- Wie sind sie zueinander eingestellt?

5. Grundeinstellungen zum Konflikt

- Welche Philosophie haben die Parteien in Bezug auf den Konflikt?

- Wie sieht die tatsächliche strategische Kalkulation der Parteien aus?

- Geht es um Unstimmigkeiten und Meinungsverschiedenheiten, den Kampf um bestimmte Positionen oder aber um Konflikte, die Veränderungen eines ganzen Systems (z.B. die Organisation) betreffen?

Teil 7

Was hilft, damit Konflikte
gar nicht erst eskalieren?

Der Schlüssel zur Konfliktprävention liegt in der Kommunikation, wie eingangs bereits dargestellt. Dabei beeinflusst nicht nur die Art der Kommunikation, ob Konflikte vermieden werden können, sondern auch die Haltung des/der Einzelnen hat eine erhebliche Wirkung.

An einem Beispiel aus der Weiterbildungspraxis wird dies deutlich:

BEISPIEL

Widerstand« in einer Lernveranstaltung

Erfahrungsbericht einer Lernbegleiterin einer Inhouse-Seminarreihe:

„In einer Inhouse-Lernveranstaltung in einem Betrieb erlebte ich kollektiven Widerstand. Egal ob ich eher unterrichtete und Wissensinputs anbrachte, handlungsorientiert mit Übungen und Planspielen arbeitete oder die Lernenden selbst aus verschiedenen Formen auswählen ließ – die Teilnehmenden wirkten völlig unmotiviert und desinteressiert; zum Teil verweigerten sie sogar Antworten. Einige Lernende schauten lieber ständig auf ihr Handy oder verließen auffällig oft den Seminarraum. Ich war, ehrlich gesagt, etwas ratlos ...

Meine erste innere Reaktion war: Was haben die nur gegen mich? Ich fragte mich ständig, was ich nur falsch machte. Und ich muss mir eingestehen, dass ich mich nicht traute zu fragen, was eigentlich das Problem ist, weil das Klima so abweisend und aufgeladen war. Da es die ganze Zeit so weiter ging, kam ich schließlich zum Urteil: Die haben keine Lust, weil sie nun mal in mein Seminar geschickt wurden, deshalb zeigen sie sich desinteressiert, faul, passiv und ablehnend. Dem muss ich jetzt streng entgegenwirken, schließlich habe ich die Möglichkeit zu drohen, dass sie so das Zertifikat nicht bekommen! Ich sitze immerhin am längeren Hebel... wäre ja gelacht!

Aber ich merkte schnell, dass mein Versuch, mit Strenge zu reagieren überhaupt nicht half. Im Gegenteil erlebte ich noch mehr Widerstand und Unruhe bei den Lernenden. Ich hatte zum Teil sogar den Eindruck persönlicher Anfeindungen gegen mich.

Ich versuchte es also anders – mit Empathie. Das ist leicht gesagt. Wirklich empathisch zu sein, forderte aber von mir den Kraftakt, über meinen Schatten zu springen. Ich nahm meinen Mut zusammen und fragte die Gruppe:

Mir fällt auf, dass ich immer wieder keine Antworten auf Fragen von Ihnen bekomme. Das verunsichert mich ehrlich gesagt, weil ich nicht erkennen kann, ob Sie die Inhalte verstehen, was damit anfangen können, wo Sie Fragen haben und wo wir gemeinsam nachschärfen müssen. Das ist mir aber sehr wichtig! Ich habe da das Bedürfnis nach Klarheit. Außerdem will ich mit Ihnen wirklich in Kontakt sein – da empfinde ich aber eine Blockade und Distanz. Ich möchte deshalb jetzt unterbrechen und mit Ihnen gemeinsam der Frage nachgehen, woran das liegen könnte: Was fehlt Ihnen? Was lenkt Sie vielleicht ab, verunsichert oder irritiert Sie? Was brauchen Sie, um richtig dabei sein zu können und sich einzubringen?

So kam ich mit den Lernenden in ein intensives und klärendes Gespräch. Darin wurden insbesondere zwei Aspekte klar:

(1.) Die Unruhe hatte gar nicht nur mit Aspekten des Seminars zu tun, sondern mit einem Ereignis außerhalb des Kurses: Am Tag zuvor wurden Maßnahmen zur betrieblichen Umstrukturierung im Unternehmen bekannt gegeben. Diese betrafen auch den Bildungsbereich des Unternehmens. Einige Teilnehmende verunsicherten diese Ankündigungen sehr, weil sie nicht wussten, was das für ihre Rolle und Position bedeutete. Es fiel ihnen entsprechend schwer, sich auf das Seminarthema einzulassen.

(2.) Den Lernenden war der Stellenwert der Inhalte, die ich vorbereitet hatte und einbrachte, für die spätere Prüfung nicht klar. Sie taten sich schwer damit, sie den beschriebenen, angestrebten Lernergebnissen in der Beschreibung der Seminarreihe zuzuordnen. Hier äußerte sich also bei den Lernenden ein Bedürfnis nach Klarheit.

Nachdem diese Störfaktoren auf dem Tisch lagen, war es mir möglich, gemeinsam mit den Lernenden zu überlegen, wie wir damit umgehen:

(1.) Wie können wir dafür sorgen, dass die Ablenkung durch die betrieblichen Maßnahmen kleiner wird?
(2.) Wie wird es möglich, Transparenz über den Zusammenhang der Inhalte mit dem Lehrplan zu schaffen?

Denke ich nach über diese beiden Versuche, mit Widerstand umzugehen, wird mir klar: Zuvor hatten mich meine (Vor-)Urteile über die in das Seminar *geschickten* Teilnehmenden völlig davon abgehalten, empathisch zu sein. Ich wollte mein Ziel – die Vermittlung der Inhalte meiner Lernveranstaltung – auf Teufel komm raus durchboxen. Meine einzige Frage war: Wie bringe ich diese Lernenden dazu, das zu tun, was ich will? Welchen Sinn die Lernenden damit verbinden, was sie also motivieren könnte, diese Inhalte zu erlernen, interessierte mich, wenn ich ehrlich bin, nicht. Dem Widerstand versuchte ich zu begegnen, indem ich eine Drohkulisse aufbaute. Meine Annahme war, über Disziplinierungs-maßnahmen Lernen erzwingen zu können!

Bei diesem ersten Versuch habe ich aber schnell gelernt, dass es nicht möglich war, das Lernen zu erzwingen oder es *von außen* zu bewirken. Aber, es war mir mit meinem zweiten Angang möglich, zu verstehen, was den Lernenden wichtig ist und was sie bewegt.

Seit ich versuche empathisch zu sein und auf Drohung und Ähnliches zu verzichten, „men-schelt" es auch in meinen Seminaren viel mehr. Es kommt mir so vor, als käme bei den Lernenden die folgende Botschaft an: Wir sitzen in einem Boot – das wir nur gemeinsam na-vigieren können! Die Lernenden fühlen sich eingeladen, mitzusteuern. Die Mitteilungen „Ich interessiere mich für euch – und eben nicht nur dafür, hier einen Stoff durchzuboxen! Und lasst uns gemeinsam die besten Wege für das Lernen in unserer Lernveranstaltung finden!" überraschen und begeistern viele Lernende: Toll, es geht hier um mich und darum, Möglich-keiten zu gestalten, wie das Ganze mir wirklich was bringt! Insgesamt habe ich den Eindruck, Lernende erleben das als sehr wertschätzend und einladend – und das motiviert sie."

Über Störungen hinwegzugehen, sie zu ignorieren, sich seinen eigenen Reim darauf zu machen blockiert einen offenen Lernprozess (im Beispiel: *Die Teilnehmer sind halt in mein Seminar geschickt, daher sind sie unmotiviert!, die Lernenden sind dumm!, …*). Am dargestellten Beispiel wird deutlich, dass eine wenig empathische, negative Haltung gegenüber den Lernenden die Fronten verhärtet. Die Teilnehmenden reagieren mit noch mehr Ablehnung auf den harten, kompromisslosen Kurs der Trainerin.

Darüber hinaus blockiert das anfängliche Vorgehen die Möglichkeit, Beziehung zu den Teilnehmenden aufzubauen. Das ist besonders problematisch, weil Zugehörigkeit, Wertschätzung, Selbstbestimmung und die Möglichkeit, eigene Kompetenz zu erleben, der wichtigste Nährboden für Lernmotivation sind.[51]

Die Trainerin beachtet in dem dann beschriebenen Verhalten zwei wesentliche Aspekte, die in der Situation lösend wirken und damit zur Deeskalation des möglicherweise entstehenden Konflikts beitragen.

Sie nimmt eine *dialogische Haltung* ein und sie kommuniziert *gewaltfrei*. Eben diese beiden Aspekte, *Gewaltfreie Kommunikation* genauso wie eine *dialogische Haltung* helfen dabei, einen Nährboden zu schaffen, auf dem Lernende und Lernbegleitende konstruktiv miteinander arbeiten können und Lernen also gelingen kann. Diese Art und Weise der Kommunikation unterstützt dabei, Lernende wirklich zum Lernen einzuladen und mit ihnen sachgemäße und motivierende Wege zur Gestaltung des Lernens zu finden. Die (Selbst-) Offenbarung der eigenen Wahrnehmung (in einer Ich-Botschaft), die Offenheit über die eigenen Gefühl und Bedürfnisse sorgen dafür, dass gar nicht erst Missverständnisse entstehen, die zu Konflikten führen können, sondern, dass es vielmehr gelingt, (Fehl-) Interpretationen aufzudecken und Transparenz zu schaffen.

---

[51] Siehe hierzu Essential „Lern- und motivationstheoretische Hintergründe"

7.1 Wie beugt die dialogische Haltung Konflikten vor?

Wie oben bereits dargestellt, ist eine dialogische Haltung aus dem Blickwinkel der Begleitung von Lernen sehr wichtig.[52] Die dialogische Haltung ermöglicht es, dass Lernende und Lernbegleitende in einer partnerschaftlich-wertschätzenden Art und Weise mitein-ander umgehen, dass sie sich und ihre Bedürfnisse gegenseitig achten. Sie stellt darüber hinaus den Anspruch an Lernbegleiter:innen, die Lernenden stets zur Mitgestaltung der Lehr-Lernbeziehung einzuladen.

Die Trainerin im Beispiel beschreibt ihre dialogische Haltung über das „gemeinsame Navigieren", das sie als notwendig und zielführend erlebt und dabei wahrnimmt, dass die Teilnehmenden sich eingeladen fühlen, mitzusteuern. Dass es eben nicht darum gehe, „Stoff durchzuboxen", sondern gemeinsam gute Wege für das Lernen zu finden, begeistere und motiviere viele Lernende geradezu, weil sie sich dadurch ernst genommen, wertge-schätzt und eingeladen fühlten.

Diese Haltung und das daraus resultierende gemeinsame Gestalten von Lernprozes-sen – hier konkret in Form eines Seminarablaufs – ermöglicht es auf eine ganz andere Weise, Vertrauen zu schaffen und Beziehung zu Teilnehmenden aufzubauen. Entstandenes Vertrauen und Beziehung zwischen Lernenden und Lernbegleitenden fördern nicht nur das Gefühl der sozialen Eingebundenheit, vielmehr schaffen sie den Raum, Emotionen im Lernprozess zuzulassen und in das Lernen bewusst einzubeziehen. Lernen läuft, wie schon beschrieben, nie ohne Emotionen ab. Es spielt sogar eine wichtige Rolle, welche Emotionen im Lernprozess aufkommen. Wird das *emotionale Erfahrungsgedächtnis* beim Lernen positiv beeinflusst – so die Psychologin Regina Hunter, so entsteht mit großer Wahrschein-lichkeit (weitere) Lernmotivation.[53] Diese wirkt sich dann positiv auf die Lernaktivität, die Dauer und Intensität des Lernens aus. Das Ergebnis: Es wird mehr und besser gelernt! Gelingt das Lernen besser, gibt das den Lernenden wiederum mehr Selbstvertrauen („Ich kann das!") und ermöglicht ihnen, über sich selbst hinaus zu wachsen.[54]

Lernprozesse in einer lernförderlichen, dialogischen Haltung zu gestalten, bedeutet *stets, mit den Lernenden im Austausch zu sein, wahrzunehmen, zu beobachten und nachzufragen, was die Lernenden an welcher Stelle für ihren Lernprozess benötigen.* So werden die Lernenden – quasi automatisch – stets eingeladen, sich aktiv in die konkrete Ausgestaltung der Lernprozesse einzubringen – mehr noch, sie für sich passend zu gestalten. Dieses Vorgehen ermöglicht es Lernenden von vorneherein auf die Zusammenarbeit Einfluss zu nehmen und das Vorgehen so zu gestalten, dass es zu ihnen und ihren Lernpräferenzen passt. Daraus kann eine höhere Lernmotivation resultieren und es dürfte sich eine höhere Zufriedenheit der Lernenden einstellen. Gleichzeitig ist das Konfliktpotenzial gemindert.

Treten dennoch Unzufriedenheiten oder Störungen im Lernprozess auf, so kündigen sich diese meist durch entsprechendes Verhalten der Lernenden, durch sich andeutende Lernhürden und andere Schwierigkeiten vorher an. Lernende wie Lernbegleitende nehmen diese schneller wahr und ernst. Sie finden wiederum eine Kommunikation in *dialogischer Haltung*, um Störungen frühzeitig anzusprechen und gemeinsam Lösungen zu finden.

7.2 Wie kann Gewaltfreie Kommunikation (GfK) nach Marshall B. Rosenberg[55] helfen?

Gewaltfreie Kommunikation ist eine weitere Möglichkeit, Konflikten vorzubeugen. Darüber hinaus wird GfK aber auch in der Konflikt*bewältigung* eingesetzt.

Jede/r kennt Kommunikationsformen, die die Beziehung zwischen Menschen blockieren: Vorwürfe und Beschuldigungen, Befehle statt Bitten, Zuschreibungen und Urteile über unsere Person, oder mit anderen verglichen zu werden – all das lädt nicht ein, mit anderen in einen interessierten Dialog zu treten. Vielmehr löst es oft eine Verteidigungs-

---

[52] Grundlagen der dialogischen Haltung sind bereits in Kap. 2 beschrieben. Im folgenden Abschnitt wird dargestellt, inwieweit es gelingen kann, Lernprozesse gemeinsam dialogisch zu steuern – und damit Konflikten vorzubeugen.
[53] Vgl. Hunter, 2011
[54] Vgl. sinngemäß: ebd.
[55] Rosenberg, 2013

haltung aus, schreckt ab, verärgert oder macht Angst. Der US-amerikanische Psychologe Marshall B. Rosenberg hat in solchen Phänomenen *Gewalt* erkannt. Solche „Angriffe" blockieren – so Rosenberg – die Verbindungen zwischen Menschen. Sie verhindern eine einfühlsame, wertschätzende Kommunikation, um gemeinsam weiter zu kommen (gerade in Lern-Zusammenhängen).

Inzwischen wird die Gewaltfreie Kommunikation weltweit friedensfördernd in Krisengebieten eingesetzt, aber auch in vielen Schulen und anderen Bildungseinrichtungen, Organisationen, in der Ehe- und Paarberatung oder der Streitmediation zwischen Kolleg:innen und Gruppen. Im letzten Jahrzehnt erlebte die GfK dabei verstärkt im Zuge der Diskussion um *Achtsamkeit*[56] in Wirtschaft, Bildung und Gesellschaft erneute Beachtung.

Beim Gegenteil gewaltfreier Kommunikation, die Rosenberg als *lebensentfremdende* Kommunikation bezeichnet, wird oft viel Energie und Konzentration darauf gelenkt, sich zu rechtfertigen, zu verteidigen und zu schützen. Angst *frisst* Energie und die Lust und Freude am Lernen (und am Begleiten von Lernen). Wird unter Druck und Angst gelernt, entsteht Stress – Neugier und Kreativität werden blockiert.[57]

Wie hemmt lebensentfremdende Kommunikation ein empathisches Miteinander?

Über kurz oder lang führt lebensentfremdende Kommunikation zu Gewalt gegen uns selbst und andere. Mit Gewalt ist dabei keineswegs nur die physische gemeint, sondern ein weit gefasster Begriff, der jedes Erfüllen des eigenen Bedürfnisses auf Kosten anderer mit einbezieht. Gewalt vermindert so die Empathie mit uns und anderen. Es sind vor allem drei Elemente, die Teil der lebensentfremdenden Kommunikation sind:

1. Das (moralische) Urteilen oder Verurteilen von Menschen, die sich nicht in Übereinstimmung mit unseren Werten verhalten. Ebenso das Diagnostizieren, Zuschreiben und Vergleichen von (vermeintlichen) Eigenschaften anderer Menschen (gut, schlecht, normal, abnormal, selbstsüchtig, selbstlos, verantwortungsbewusst, verantwortungslos, schlau, dumm, fleißig, faul, …).

2. Das Leugnen der Verantwortung für eigene Gefühle und Handlungen.

3. Das Stellen von Forderungen.

Zu 1.: Das Urteilen über Menschen geht oft mit dem Gefühl von Ärger einher. Das Fehlverhalten der anderen wird analysiert und verurteilt. Der/die andere wird als schlecht, egoistisch oder böse gesehen. Als Ursache eines Konflikts gilt das falsche Verhalten anderer. Die hinter den Handlungen liegenden Bedürfnisse werden eher verschleiert als offengelegt. Rosenberg unterscheidet zwischen moralischen Urteilen und Werturteilen. Wenn wir ein Verhalten antreffen, das unserem Werturteil widerspricht, neigen wir dazu, die andere Person moralisch zu verurteilen. Rosenberg schlägt vor, das Werturteil zu verteidigen, ohne die Person zu verurteilen. So kann das Verhalten von der Person getrennt werden.

Wenn sich etwa ein Vorgesetzter über einen Mitarbeiter lustig macht, können wir sagen: „Mir ist es wichtig, sich über Fehler anderer nicht lustig zu machen. Ich habe Angst, dass man sich auch über mich lustig macht, wenn ich einen Fehler mache." Lebensentfremdende Kommunikation wäre: „Sie sind arrogant und herablassend." Der Verzicht auf moralische Urteile kann ganz pragmatisch sein: Die Chance, dass unser Bedürfnis erfüllt wird, steigt, wenn wir den anderen nicht verurteilen. Letztendlich sagen wir auch inhaltlich mehr. Rosenberg zitiert in Bezug auf die Vermischung von Beobachtung und Bewertung gerne den indischen Philosophen Krishnamurti mit den Worten: „Die höchste Form menschlicher Intelligenz ist die Fähigkeit, zu beobachten, ohne zu bewerten."

Zu 2.: Eine andere Form der lebensentfremdenden Kommunikation sieht Rosenberg im Leugnen von Verantwortung. Wir können sowohl die Verantwortung für Handlungen als auch für Gefühle leugnen. Wir können andere für unsere Handlungen verantwortlich machen. Wir können aber auch gesellschaftliche Normen und Wertvorstellungen verantwortlich machen: „Ich muss heute Abend lustig sein, weil das eine gesellige Runde

---

[56] Achtsamkeit (mindfulness) ist eine Form der Aufmerksamkeit, die erstens absichtsvoll ist, sich zweitens auf den gegenwärtigen Moment bezieht (statt auf die Vergangenheit oder die Zukunft), und die drittens nicht wertend ist (vgl. Kabat-Zinn, 1982).

[57] Vgl. Spitzer in Kahl, 2004

ist (und man dort lustig ist)." Man kann auch die Verantwortung für die eigenen Gefühle leugnen oder sie anderen zuschieben. Eine Mutter sagt etwa zu ihrem Kind: „Jetzt bin ich ganz traurig, weil du die Hose schmutzig gemacht hast." Dabei steht hinter diesem Gefühl ein Bedürfnis (z.B. heute einen arbeitsfreien Tag zu haben), und es ist keine zwangsläufige Reaktion. Die Mutter könnte sich auch freuen, dass das Kind mit Freunden gespielt hat. Rosenberg schlägt vor, in der Ich-Form zu reden und von den eigenen Bedürfnissen auszugehen. Eine häufige Form des Leugnens der Verantwortung für eigene Gefühle ist auch das Äußern von Pseudogefühlen, die eigentlich Gedanken sind, z.B. ich fühle mich provoziert. Hier handelt es sich nach Rosenberg um ein Pseudogefühl, das ein Urteil über den anderen impliziert, der in dem Beispielsatz indirekt als Provokateur bezeichnet wird.

Zu 3.: Das Stellen von Forderungen anstatt von Bitten ist eine weitere Form der Kommunikation, die die Empathie zwischen Menschen verringert. Der Unterschied zwischen Bitte und Forderung ist, dass eine Bitte auch nicht erfüllt werden kann, bei einer Forderung drohen hier negative Sanktionen. Dies muss nicht immer in Form von offensichtlichen Strafen wie etwa Taschengeldabzug in der Erziehung passieren, es kann auch durch die Erzeugung von Angst oder Schuldgefühlen beim Gegenüber geschehen. Wenn in einer Partnerschaft geäußert wird: „Ich möchte, dass Du mehr Zeit mit mir verbringst", kann dies eine Bitte, aber auch eine Forderung sein. Erst wenn die beiden daraufhin nicht mehr Zeit miteinander verbringen, und ein/e Partner:in zu verstehen gibt: „Du lässt mich total alleine, du bist egoistisch", zeigt sich, dass es eine Forderung war. Hier weist Rosenberg darauf hin, dass die GfK keine Methode ist, um andere zu manipulieren, auch eine in GfK gestellte Bitte kann abgelehnt werden. Allerdings erhöht diese Form der Kommunikation die Chance aller, ihre Bedürfnisse besser zu erfüllen.

Wie gelingt gewaltfreie Kommunikation?

Rosenberg geht davon aus, dass Menschen unter freien Bedingungen gerne geben und die empathische Verbindung zum Mitmenschen suchen. Die GfK soll helfen, sich ehrlich auszudrücken und empathisch zuzuhören. Empathie ist nach Rosenberg ohnehin eine Grundvoraussetzung gelingender Kommunikation und sie hilft auch, mit Menschen zu kommunizieren, die selbst nicht gewaltfrei kommunizieren oder aggressiv sind. Sie gibt dem/der anderen die Möglichkeit, sich zu verändern, ohne das Gesicht zu verlieren.

Das Grundmodell kann uns also helfen, uns verständlich zu machen. Es kann aber auch genutzt werden, um die Aussagen anderer zu verstehen.

Die vier Schritte, auf denen die GfK beruht, lassen sich mit den Stichworten *Beobachtung, Gefühl, Bedürfnis, Bitte* zusammenfassen:

1. **Beobachtung:** Zuerst beschreiben wir eine konkrete Handlung, die wir beobachten und die unser Wohlbefinden beeinträchtigt. Hierbei ist es wichtig, tatsächlich eine Beobachtung zu äußern und sie nicht mit einer Bewertung zu vermischen. So ist die Aussage: „Du beachtest mich nicht!" in einer Ehe keine Beobachtung. Erstens impliziert sie eine Bewertung, ein Urteil über die/den anderen, und zweitens ist sie zu abstrakt und allgemein. „Du hast in der letzten Woche keinen Abend mit mir verbracht" spezifiziert die Aussage, ohne die oder den anderen zu bewerten. Wird eine Beobachtung mit einer Bewertung vermischt, neigt das Gegenüber dazu, nur die Kritik zu hören. Die Chance, dass unsere Bedürfnisse gehört werden und dass auch wir die Bedürfnisse der oder des anderen hören, verringert sich. Es kommt vor, dass trotz bewertungsfreier Äußerungen vom Gegenüber eine Kritik herausgehört wird: Auf die Aussage: „Du hast in der letzten Woche keinen Abend mit mir verbracht" könnte die/der Angesprochene z.B. reagieren mit „Dir passt es wohl nicht, dass ich auch mal was alleine mache." Um hier nicht gleich in einen Gegenvorwurf oder eine Verteidigung zu verfallen, hilft es, die/den anderen das Gesagte paraphrasieren zu lassen (siehe auch: Kap. 3.3 Aktives Zuhören), z.B. indem man fragt: „Wie hast du meine Aussage denn verstanden?"

2. Gefühl: Dann bringen wir unsere Gefühle mit dem in Verbindung, was wir beobachten. Wir erklären dem/der anderen, was wir dabei fühlen und können ihn/sie auch nach seinem/ihrem Gefühl fragen. Ob wir nun bei dem Gefühl des gegenübers bleiben, beides hilft, um in einen empathischen Kontakt zu kommen. „Ich fühle mich einsam" wäre hierbei die Äußerung eines Gefühls, „Ich fühle mich vernachlässigt" dagegen die Äußerung eines Pseudogefühls. Wichtig ist es hierbei, Verantwortung für die eigenen Gefühle zu übernehmen. Manchmal reagieren wir oder andere auf bestimmte Situationen mit mehreren Gefühlen. Hier hilft es, die Gefühle nacheinander zu betrachten.

3. Bedürfnis: Nun betrachten wir Bedürfnisse, Vorstellungen und Wünsche, aus denen Gefühle entstehen. Hinter bestimmten Gefühlen stehen nach Rosenberg immer Bedürfnisse. Vielleicht steht hinter dem Gefühl der Einsamkeit das Bedürfnis, beachtet und geliebt zu werden. Oftmals sind die Bedürfnisse aber nicht auf den ersten Blick erkennbar und bleiben uns selbst und anderen verborgen, dann können wir uns fragend den Bedürfnissen des anderen nähern. Gerade bei Handlungen oder Aussagen, die uns ärgern, hilft es uns, die dahinterliegenden Bedürfnisse zu erfragen und zu verstehen. Möglicherweise lehnen wir zum Beispiel rassistische Aussagen ab; verstehen wir jedoch die dahinterliegenden Bedürfnisse, gelingt es uns leichter, uns in unser Gegenüber hineinzuversetzen und empathisch zu reagieren. Wir können dann unsere Wertvorstellung durchaus verteidigen, ohne den Kontakt zur/zum anderen zu verlieren.

4. Bitte: Zum Schluss äußern wir eine konkrete Handlung, um die wir bitten, *damit unser Leben reicher* wird. Um Bitten verständlich zu äußern, muss man sie mit seinen Bedürfnissen und Gefühlen in Verbindung bringen. Rosenberg schlägt vor, Bitten in einer „positiven Handlungssprache" zu formulieren. Zum einen bedeutet dies nicht zu sagen, was jemand tun oder nicht tun sollte, sondern was man sich von jemandem erbittet. Wenn ich sage: „Ich möchte, dass du nicht mehr die ganze Zeit weg bist!", dann ist noch lange nicht sicher, ob verstanden wird, was ich eigentlich möchte. Je konkreter die erbetene Handlung ist, umso besser: „Ich bitte dich mir zu sagen, ob du am Dienstag Zeit und Lust hast, mit mir ins Restaurant zu gehen." Auch hier hilft es, das Gesagte paraphrasieren zu lassen, um herauszufinden, ob es Missverständnisse gab.

Rosenberg fasst die Kommunikationsart der GfK in folgendem Satz zusammen:

> „Wenn a, dann fühle ich mich b, weil ich c brauche. Deshalb möchte ich jetzt gerne d."

Die Betrachtung des Beispiels aus der Weiterbildung (siehe oben: S. 70 ff.) verdeutlicht die einzelnen Schritte in Abgrenzung zur lebensentfremdenden Kommunikation:

„Mir fällt auf, dass ich immer wieder keine Antworten auf Fragen von Ihnen bekomme (Situation). Das verunsichert mich ehrlich gesagt (Gefühl), weil ich nicht erkennen kann, ob Sie die Inhalte verstehen, was damit anfangen können, wo Sie Fragen haben und wo wir gemeinsam nachschärfen müssen. Das ist mir aber sehr wichtig! Ich habe da das Bedürfnis nach Klarheit. Außerdem will ich mit Ihnen wirklich in Kontakt sein – da empfinde ich aber eine Blockade und Distanz. Ich möchte deshalb jetzt unterbrechen und mit Ihnen gemeinsam der Frage nachgehen, woran das liegen könnte (Bitte/Forderung): Was fehlt Ihnen? Was lenkt Sie vielleicht ab, verunsichert oder irritiert Sie? Was brauchen Sie, um richtig dabei sein zu können und sich einzubringen?"

GEWALTFREIE KOMMUNIKATION VERSUS LEBENSENTFREMDENDE KOMMUNIKATION		
	GEWALTFREIE KOMMUNIKATION	**LEBENSENTFREMDENDE KOMMUNIKATION**
SITUATION	Konkrete Handlungen, die wir beobachten und die unser Wohlbefinden beeinträchtigen. *„Mir fällt auf, dass ich immer wieder keine Antworten von Ihnen auf meine Fragen bekomme."*	Beobachtung und Bewertung werden vermischt. Generalisierung und Personifizierung. *„Sie sind unmotiviert und faul! Sie ignorieren mich!"*
GEFÜHL	Die Gefühle werden mit dem in Verbindung gebracht, was wir beobachten. *„Das verunsichert mich."*	Keine Erläuterung über den Zusammenhang der Situation mit dem eigenen Gefühl, sondern eine Interpretation wird als Gefühl geäußert. Die Verantwortung für die eigenen Gefühle wird geleugnet. Stattdessen: Schuldzuweisungen, Vorwürfe, Pauschalierungen. *„Es ist Ihnen ganz egal, wie es mir damit geht! Sie wollen mich ärgern!"*
BEDÜRFNIS	Bedürfnisse, aus denen Gefühle entstehen, werden betrachtet und mitgeteilt. *„Es ist mir wichtig zu wissen, ob Sie die Inhalte verstehen, wo Sie Fragen haben und ob Sie mit den Themen etwas anfangen können. Ich habe das Bedürfnis nach klaren Rückmeldungen von Ihnen."*	Das Bedürfnis wird nicht (klar) geäußert, stattdessen wird der andere moralisch verurteilt. *„Sie sind Ignoranten."*
BITTE/ FORDERUNG	Um eine konkrete Handlung wird gebeten – auch Nichterfüllung ist in Ordnung. *„Ich möchte deshalb jetzt unterbrechen und mit Ihnen gemeinsam der Frage nachgehen, woran das liegen könnte: Was fehlt Ihnen?"*	Es wird eine Forderung gestellt. Bei Nichtbeachtung drohen Sanktionen. *„Wenn Sie nicht anständig mitmachen, bekommen Sie kein Zertifikat für diesen Kurs!"*

Dieses Grundmodell soll nach Rosenberg nicht stur angewendet und damit als bloße Technik verstanden werden. Es variiert in der Reihenfolge und dient eher als Hilfe, mit einem geschärften Bewusstsein in soziale Beziehungen mit anderen zu treten. Die GfK ist nicht von heute auf morgen anwendbar und bedarf einer gewissen Übung. Ob man mit der GfK bei massiven Übertretungen durch das Gegenüber Grenzen ziehen kann, darüber wird gestritten. Sie ist jedoch in der Praxis ein bewährtes Mittel, um in konfliktreicher Kommunikation die Chance zu erhöhen, empathisch miteinander umzugehen und die gegenseitigen Bedürfnisse zu erfüllen.

Teil 8

Welche Hilfestellungen gibt es,
um Konflikte konstruktiv zu bewältigen?

In der Konfliktforschung wurde eine ganze Reihe von Prinzipien erkannt, die dabei helfen können, Konflikte konstruktiv zu bewältigen. In diesem Kapitel wird in kurzer Form eine Auswahl aus den wichtigsten Konfliktlösungsansätzen vorgestellt.

8.1 Was ist grundsätzlich zu beachten?

Ziel einer konstruktiven Konfliktbewältigung ist es, die Konfliktfähigkeit der Beteiligten zu erhöhen. Steht dieses Ziel im Fokus, so werden Konflikte zu Lernchancen aller Beteiligten.

Unter Konfliktfähigkeit versteht man, dass

- auch unter schwierigen Bedingungen eine realistische Wahrnehmung der Situation, die zum Konflikt geführt hat, behalten werden kann,
- man das Sachproblem nicht aus dem Auge verliert,
- die Folgen des eigenen Handelns richtig eingeschätzt werden können,
- es einem möglich ist, sich selbst und den/die Kontrahent:innen mit Stärken und Schwächen, liebenswürdigen und unerfreulichen Verhaltensweisen wahrzunehmen,
- man Wesentliches von Unwesentlichem unterscheiden kann,
- man fähig ist, sich zu einigen,
- man fähig ist, die eigene Haltung zu verändern, anstatt den/die andere/n ändern zu wollen,
- man die Verantwortung für die eigenen Anteile am Konflikt übernimmt,
- man einen gerechten Ausgleich sucht,
- es möglich ist, auch in scheinbar ausweglosen Situationen Handlungsfähigkeit zu behalten bzw. wiederzugewinnen,
- man bereit ist, Techniken zu erlernen und anzuwenden, die es ermöglichen, eigene Wünsche und Bedürfnisse zu vertreten, ohne das Gegenüber anzugreifen.

Persönliche Betroffenheit kann die Klärung von Konflikten jedoch erschweren und eine gute Lösung unter Umständen sogar verhindern. Das Ziel, die Konfliktfähigkeit der Konfliktparteien zu stärken und so Lernchancen zu ermöglichen, bliebe dann unerreicht.

Besonders im Hinblick auf die Gestaltung von Lernprozessen sollten diese Chancen, wie bereits dargestellt, aber eben gerade wahrgenommen und auch *genutzt* werden.

Aus diesem Grund ist es wichtig, sich unterschiedlicher Muster im Umgang mit Konflikten bewusst zu sein und zu erkennen, an welchen Stellen sie eine konstruktive Konflikt- bearbeitung möglicherweise behindern:

Rückzug

Man geht dem Konflikt aus dem Weg und hofft, dass „sich das schon irgendwie regeln wird". Nicht jeder Konflikt muss sofort mit aller Kraft angegangen werden. Manche Konflikte kann man auch erst einmal ruhen lassen und vielleicht regeln sich die Dinge in der Tat von selbst oder sie geraten in Vergessenheit.

Allerdings wird dadurch ein Konflikt in der Regel nicht behoben, sondern schwelt untergrün- dig weiter fort. Ein neues Ausbrechen des Konflikts kann mitunter recht schnell geschehen.

Nachgeben oder Durchsetzen

Nachgeben und Durchsetzen sind die beiden traditionellen Formen der Konfliktlösung in unserem Kulturkreis. Die eine Strategie ist die Kehrseite der anderen. Typisch für diese Form der Auseinandersetzung ist die Überzeugung, dass es bei einem Konflikt um *Gewinnen* oder *Verlieren* geht. Die Situation wird als eine Art Boxkampf wahrgenommen, den eine Partei von beiden gewinnt. Hier verlässt am Ende eine Seite siegreich die Arena, während die andere geschlagen in der Ecke sitzt.

Kompromiss

Die Strategie, Kompromisse zu schließen, ist im Gegensatz zu „Nachgeben und Durchsetzen" von mehr Toleranz gegenüber den Wünschen des Gegenübers geprägt. Hier geht es um Verhandlungen und darum, innerhalb eines abgesteckten Rahmens einen Kompromiss zu erarbeiten. Die dauerhafte Tragfähigkeit eines Kompromisses steht nicht unbedingt im Fokus. Die Ursache des Konflikts bleibt aber oft weiter bestehen. Es besteht die Gefahr, dass der weitere Ausbruch oder eine Eskalation des Konflikts nur verschoben werden.

Kooperation

Bei der kooperativen Konfliktbewältigung geht es nicht um Schuld, Recht-Haben oder Gewinnen, sondern um das gemeinsame Bearbeiten und Lösen eines Problems. Kooperation ist lösungsorientiert, nicht vergangenheitsorientiert. Das heißt, die Konfliktparteien treten sich nicht wie Gegner gegenüber, sondern erarbeiten zusammen Lösungsmöglichkeiten.

Welche Interventionsprinzipien für Konflikte sind wichtig?

Möglichst frühzeitig aktiv werden

Bei der Darstellung der Eskalationsstufen von Konflikten wurde schon darauf hingewiesen, dass nicht rechtzeitig aufgegriffene Konflikte eine *Eigendynamik* entwickeln – *je später man sich darum kümmert, desto schwieriger wird die Lösung,* und desto mehr wurde bereits „Porzellan zerschlagen". Außerdem gilt: je frühzeitiger ein Konflikt aktiv angesprochen wird, desto größer ist die Wahrscheinlichkeit, dass die darin steckenden positiven Chancen genutzt werden können. Verschleppte oder ignorierte Konflikte wirken destruktiv und beeinträchtigen die weitere Zusammenarbeit und auch das gemeinsame Lernen.

Sich Zeit für die Konfliktbearbeitung nehmen

Nur oberflächlich „gelöste" Konflikte gehen im Untergrund weiter. Daher lohnt es sich, sie gründlich zu bearbeiten, auch wenn man unter Zeitdruck steht. Die Zeit, die für die Lösung eines Konflikts in einer Lerngruppe eingesetzt wird, gibt allen Mitgliedern der Lerngruppe die Chance, etwas daraus zu lernen und anschließend wesentlich konstruktiver zusammen zu arbeiten. In den Worten einer Lehrenden: „Die beste Konfliktprävention ist eine gute Konfliktbearbeitung." Eine sorgfältige Konfliktbearbeitung kann sich nicht auf die Klärung der Sachebene beschränken; der eigentliche Konflikt spielt sich meist auf den Ebenen von Gefühlen, Einstellungen und Haltungen ab – und um diese zu thematisieren und zu verändern, braucht es Zeit!

Gemeinsam eine Konfliktlösung anstreben

Konfliktlösungen, die „per ordre de Mufti", also auf hierarchischem Wege angeordnet werden, sind meist nicht tragfähig, da die eigentlichen Konfliktursachen unbearbeitet bleiben. Erst das Ernstnehmen und Einbeziehen von Betroffenen und Beteiligten – unter

Wahrung der Integrität der Einzelnen – führt zum Erfolg. Als Regel kann gelten: die an einem Konflikt Beteiligten müssen auch diejenigen sein, die zu Lösungen für den Konflikt finden – denn sie müssen mit der Lösung leben können.

Eigenständiges Aufarbeiten

Bei Konflikten in der Anfangsphase kann es ausreichend sein, dass sich die Parteien zusammensetzen und gemeinsam an der Lösung ihres Konflikts arbeiten. Dabei kann es hilfreich sein, bestimmte Regeln einzuhalten und Gesprächsformen, wie beispielsweise die Gewaltfreie Kommunikation nach Rosenberg zu verwenden. Nur das eigenständige Aufarbeiten erlaubt zudem, die Kompetenzen zu entwickeln oder zu erweitern, die für eine konstruktive Konfliktlösung gebraucht werden!

Moderation

Falls ein Konflikt bereits so stark eskaliert ist, dass keine konstruktive Kommunikation zwischen den Konfliktparteien mehr möglich ist, sollte ein/e Moderator:in eingeschaltet werden, um die Gespräche zu organisieren und zu strukturieren.

Mediation

Im Falle einer akuten Krise, bei der die Eskalation des Konflikts bereits so weit fortgeschritten ist, dass sich die Beteiligten als Feinde gegenüber stehen, sollte professionelle Hilfe in Anspruch genommen werden und mit einem/einer ausgebildeten Streitschlichter:in eine Mediation durchgeführt werden.

Nach Glasl ist es wichtig die Prinzipien der Konfliktbehandlung nicht einseitig zu betonen. Ein Prinzip wäre z. B. „Die Parteien müssen miteinander richtig konfrontiert werden" oder ein anderes: „Betone nicht, was die Parteien voneinander trennt, sondern das, was sie verbindet." Es lassen sich jedoch verschiedene Interventionsprinzipien unterscheiden, die miteinander kombiniert zu einer effektiven Konfliktbehandlung beitragen. Sie müssen nur richtig aufeinander abgestimmt werden. Während der Konfliktbehandlung ist jede Einseitigkeit gefährlich. Die nachfolgenden Prinzipien können durch ihre Kombination mit dem jeweiligen Gegenpol zu einer ausgewogenen Vorgehensweise verhelfen.

Spezifizieren und Generalisieren

Konfliktparteien können meist ihre Situation nicht mehr nuanciert betrachten. Die Streitfragen sind pauschal, vage und sehr umfassend. Deshalb ist es sinnvoll, die großen pauschalen Streitfragen in kleine Punkte aufzufächern, bis sie konkret, überschaubar und überprüfbar sind. Dies gelingt z. B. anhand besonderer Vorfälle, die im Einzelnen analysiert und besprochen werden.

Nach der Behandlung einer Reihe von spezifischen Punkten und Situationen kann dann die allgemeine Problematik besser verstanden und diskutiert werden. Denn die einzelnen Vorkommnisse treten nicht getrennt voneinander auf, sondern hängen vielmehr untereinander zusammen, oder Einzelpunkte bilden doch einen Problemkomplex. Sie ergeben sich aus tieferliegenden umfassenden Haltungen, die mit generellen Fragen zu tun haben. Diese werden beim Generalisieren untersucht.

Konfrontieren und Zusammenführen

Im Konflikt suchen die Parteien die Konfrontation mit der Gegenseite. Sie erhoffen sich dadurch eine Klärung ihrer Standpunkte. In dieser Konfrontation will man sich gegenseitig das Denken, Fühlen und Wollen verdeutlichen. Da im Konflikt aber die Kommunikation meist ungenügend und/oder gestört ist, bewirkt die Konfrontation keine Verdeutlichung, sondern eher eine Verzerrung und Verschleierung der Umstände. Daher ist es sinnvoll, eine „kontrollierte Konfrontation" einzuleiten.

Dem stehen Aktivitäten gegenüber, in denen auch das Gemeinsame, das Verbindende gesucht und besprochen wird. Bei allen Konfrontationen sollte ein/e Moderator:in bemüht sein, durch die Gegensätze hindurch die gemeinsamen Ziele und Interessen herauszuschälen, weil die Parteien diese aufgrund ihrer selektiven Wahrnehmung selbst nicht mehr erkennen können. Empfehlenswert ist, eine Konfliktbesprechung niemals mit einer konfrontierenden Intervention zu beenden. Die Nachwirkung bis zur nächsten Besprechung könnte die Parteien dazu veranlassen, sich wieder einseitig auf ihre Rechtfertigungen zu konzentrieren und die Kritik der Gegenseite nicht an sich heranzulassen.

Identifizieren und Distanzieren

Bei tief eskalierten Konflikten könnte man sagen: Die Parteien haben keinen Konflikt, sondern der Konflikt hat die Parteien! Sie sind derart in den Konflikt involviert, dass sie nicht mehr mit Distanz sich selbst und ihre Situation betrachten können. Deshalb richten sich viele Interventionen darauf, den Parteien zu einem einigermaßen distanzierten Blick zu verhelfen. Es wird bewusst Abstand geschaffen.

Andererseits neigen die Konfliktparteien auch dazu, sich zu weigern, für die Folgen ihrer Handlungen verantwortlich zu sein. Sie schieben die Verantwortung auf die Außenwelt ab. Jeder hat Schuld, nur sie nicht. Sie neigen hier zu einer „Überdistanzierung". Sinnvoll ist es, wenn man den Parteien dazu verhilft, die unbewussten und ungewollten Folgen ihrer Handlungen zu sehen. Dadurch erkennen sie ihren Anteil an dem Konflikt. Die Parteien können sich durch solche Interventionen mit der Situation besser identifizieren und lernen, dass ihre Absichten nicht immer mit den Folgen ihres Handelns übereinstimmen. Die Rückgewinnung der Selbstkontrolle ist das Ziel identifizierender Interventionen.

Die genannten Prinzipien sind alle relativ zu sehen. Konfliktbehandlung wird erst dann umfassend wirksam sein, wenn sich die Interventionen den jeweiligen Situationen angepasst und angemessen in einer rhythmischen Pendelbewegung zwischen den genannten Polen bewegen.

8.2 Welche Schritte helfen bei einer systematischen Konfliktbearbeitung?

Bei der Bearbeitung von Konflikten, sei es bei der eigenständigen Aufarbeitung als auch bei Moderation und Mediation, ist es hilfreich, sich an bestimmte Schritte zu halten. Ein Weg sind die folgenden Schritte:

1. Schritt: Wahrnehmung des Konflikts

Es ist wichtig, für sich anbahnende Konflikte wahrnehmungsfähig zu werden und bei allen Kommunikationen besonders auf mögliche Konfliktsignale zu achten (schlechte Stimmung, gereizter Ton, Aus-dem-Weg-Gehen usw.).

2. Schritt: Erste Konfliktdiagnose erstellen

Dann kommt es darauf an, sich einen Überblick zu verschaffen, worum es bei dem Konflikt geht, wie er bisher verlaufen ist und wer daran beteiligt ist. Für die Konfliktbewältigung ist es zunächst wichtig, ob es sich um einen kalten oder um einen heißen Konflikt handelt. Kalte Konflikte brauchen meist längere Zeit, um die Isolation und die „Stellungsgräben" zu überbrücken. Gespräche, in denen konfrontiert und rückgemeldet wird, helfen hier in der Regel überhaupt nichts. Es wird eher Widerstand gezeigt. Sinnvoller ist es, mit den Parteien getrennt zu arbeiten, um Grundlagen für die Konfrontation mit der Gegenseite aufzubauen. Dann erst kann man an der Beziehung zwischen den beiden Parteien arbeiten. Allerdings wird man auch hier möglicherweise die ersten Sitzungen damit verbringen müssen, dass die Beteiligten der Gegenseite demonstrieren können, wie sehr man von ihr misshandelt und verkannt worden ist. Erst danach kann konstruktiv an dem Konflikt gearbeitet werden.

3. Schritt: Worum geht es genau?

Im Gespräch mit den Betroffenen und Beteiligten muss dann herausgefunden werden, wo genau die Streitpunkte liegen. Wie äußert sich der Konflikt? Häufig entzünden sich Konflikte auf einer bestimmten (sachlichen) Ebene, werden aber auf einer ganz anderen (tieferen, emotionalen) Ebene ausgetragen. Die eigentliche Ursache wird dadurch verschleiert.

4. Schritt: Was ist bisher passiert?

Ferner ist zu klären, ob der Konflikt schon länger besteht oder sich im Anfangsstadium befindet, auf welcher Eskalationsstufe er angekommen ist. Ebenso muss herausgefunden werden, ob bereits Anstrengungen zur Konfliktlösung unternommen wurden.

5. Schritt: Wer ist beteiligt?

Dann ist genauer zu ermitteln, wer alles beteiligt ist: Handelt es sich um zwei einzelne Kontrahenten oder haben sich Gruppen gebildet? Trägt eine Einzelperson stellvertretend für andere den Konflikt aus? Welche Interessen werden berührt?

6. Schritt: Entwicklung einer Konfliktstrategie

Hier geht es darum, zu entscheiden, in welcher Weise der Konflikt mit den Betroffenen und Beteiligten angesprochen werden soll und welche Strategie zur Bearbeitung gewählt werden soll.

7. Schritt: Bereitschaft zur Konfliktlösung herstellen

Die Konfliktparteien müssen bereit sein, an der Lösung des Konflikts mitzuarbeiten. Das setzt voraus, dass alle Beteiligten sowohl den Konflikt sehen wie die Notwendigkeit, ihn zu bearbeiten. Dies muss den Beteiligten ggf. auch in Einzelgesprächen deutlich gemacht werden. Dabei ist zu betonen, dass es um konstruktive Lösungen und also um die Verbesserung der Zusammenarbeit geht, und nicht darum, nach Schuldigen zu suchen.

8. Schritt: Erste Handlungsschritte zur Bearbeitung

Dann werden mit den Beteiligten Spielregeln vereinbart, um die Integrität der Einzelnen zu wahren, sämtliche subjektiven Sichtweisen zuzulassen, jeden zu Wort kommen zu lassen, auf vorschnelle Bewertungen zu verzichten und in Ich-Botschaften zu kommunizieren.

9. Schritt: Das Konfliktgespräch vorbereiten

Gegebenenfalls hilft ein/e Moderator:in oder Mediator:in den Konfliktparteien dabei, im Vorfeld des Konfliktgesprächs ihre eigene Position zu klären. Fragen dazu sind: Wie erlebe ich den Konflikt? Was genau stört (verletzt, beeinträchtigt, ärgert…) mich? Was würde ich mir wünschen?

10. Schritt: Das Konfliktgespräch führen

Es ist wichtig, dass das Klärungsgespräch unter günstigen Rahmenbedingungen stattfindet. Dazu gehören genügend Zeit und ein geeigneter Raum, in dem man nicht gestört wird. Wenn die Konfliktbeteiligten versammelt sind, wird jeder Einzelne aufgefordert, unter Einhaltung von Spielregeln seine Sichtweise so konkret wie möglich zu schildern (sachliche *und* emotionale Aspekte). Pauschale Anschuldigungen und vage Unterstellungen sind ebenso wie Verallgemeinerungen tabu! Der/die Moderator:in sorgt dafür, dass die Anderen zuhören ohne zu unterbrechen. Lediglich Verständnis-Nachfragen sind gestattet. Nach dieser Runde fasst er/sie ein erstes Bild zusammen. Er/sie fordert dann die Beteiligten auf, sich – nach dem Gehörten – in die Sichtweise der Anderen zu versetzen und den Versuch zu machen, die Gegenseite zu verstehen.

11. Schritt: Lösungsfindung

In einem Brainstorming werden nun mögliche Lösungsideen gesammelt. Nach den Regeln des Brainstormings werden diese Ideen erst einmal kommentarlos zur Kenntnis genommen. Erst in der nächsten Runde werden sie bewertet (was spricht dafür/ dagegen? Wie realistisch ist die Idee? Welche Interessen werden davon tangiert? Ist das für die Betreffenden tragbar?). Es ist wichtig, sich *gemeinsam* auf eine Lösung zu einigen. Anschließend wird vereinbart, wie diese Lösung konkret realisiert werden soll und wer ggf. für die Einhaltung der Vereinbarungen verantwortlich ist. Empfehlenswert ist ferner auch, Kriterien und einen Zeitpunkt für die Erfolgskontrolle festzulegen.

12. Schritt: Erfolgskontrolle / Nachbetrachtung

In einem Nachbereitungsgespräch mit allen Beteiligten werden die Maßnahmen und deren Erfolg überprüft, ggf. Nachbesserungen diskutiert und vereinbart und ggf. weiterer Gesprächsbedarf erfragt. Wird die Konfliktlösung von allen Beteiligten als erfolgreich betrachtet, kann sich die Frage anschließen: Was haben wir aus dem Konflikt gelernt? Wozu war er für unser Team nützlich? Was haben wir aus dem Prozess der Konfliktbearbeitung gelernt? Was davon (z.B. Spielregeln, Gesprächskultur) wollen wir in unseren Arbeitsalltag übernehmen?

8.3 Wie gelingt eine Konfliktbearbeitung ohne Gewinner:innen und Verlierer:innen?

In den 1970er Jahren entwickelte der Amerikaner Thomas Gordon eine Methode, die darauf abzielt, Probleme bzw. Konflikte ohne Gewinner und Verlierer zu lösen.[58]

Schritte zur Problemlösung

1. Das Problem erkennen und benennen. Dies möglichst ohne Vorwurf und Wertung. Sich dabei Zeit lassen, denn das eigentliche Problem wird nicht immer gleich sichtbar.
2. Alternative Lösungen entwickeln. Mit Brainstorming viele Lösungsmöglichkeiten sammeln, ohne diese zu bewerten und zu diskutieren.
3. Alternative Lösungen bewerten. Jetzt also „Pro und Contra" der einzelnen Möglichkeiten aufzählen, beleuchten, diskutieren ... eventuell resultieren daraus neue, bessere Ideen.
4. Entscheidungen treffen. Dabei sollten sich beide Seiten freiwillig zu einer Lösung bekennen. Wird eine Seite zu einer Lösung gedrängt, besteht die Möglichkeit, dass sie diese nicht umsetzt.
5. Entscheidungen ausführen. Dabei muss festgelegt werden, wer was wann tut.
6. Lösung bewerten. Wenn sich eine Lösung bewährt, kann sie verallgemeinert werden, bzw. wenn sich die Lösung als unzureichend herausstellt, muss nach einer neuen Lösung gesucht werden.

[58] Vgl. Gordon, 1989

1. Die Beteiligten sind motivierter bei der Ausführung der gemeinsam akzeptierten Lösung
2. Die Lösungen werden als verbindlicher betrachtet
3. Die Mitarbeit, Kreativität und Erfahrung der Beteiligten erhöht die durchschnittliche Qualität der Entscheidungen
4. Die Beziehungen werden offener und vertrauensvoller

8.4 Wie kann sachgerechtes Verhandeln zur Konfliktlösung beitragen?

Das Konzept des sachgerechten Verhandelns wurde im Rahmen eines Forschungsvorhabens der Harvard-Universität, in dem Prinzipien und Strategien herausgearbeitet wurden, die erfolgreichem Verhandeln in Familie, Wirtschaft und Politik zugrunde liegen.[59]

Philosophie des „sachgerechten Handelns"

Die Gegenseite soll nicht besiegt werden, sondern es sollen gemeinsam vernünftige und effiziente Verhandlungsergebnisse erarbeitet werden. Die Grundlage einer vernünftigen Konfliktbearbeitung ist die Wichtigkeit und Wertschätzung der Beziehungsarbeit. Als Verhandlungsziel sind immer Ergebnisse anzustreben, welche die Hauptinteressen aller Beteiligten berücksichtigen und als fair wahrgenommen werden.

Grundsatz

Wenn zwischen den Verhandlungspartnern gute Beziehungen bestehen, verlaufen die Verhandlungen reibungsloser und erfolgreicher. Die Qualität der zwischenmenschlichen Beziehungen kann verbessert werden, wenn sich nur eine/r der Partner:innen darum bemüht. Wenn eine Person ihr Verhalten ändert, wird das Reaktionen bei den anderen auslösen.

Grundbedingungen

1. Menschen und Probleme voneinander trennen!

   Nach dem Motto: Löse das Problem und bekämpfe nicht den/die Verhandlungspartner:in als Menschen.

2. Interessen in den Mittelpunkt stellen und nicht die Positionen/Standpunkte!

   Mit der Frage nach dem „Warum" können die Interessen erkundet werden. Die Interessen bestimmen das Problem, deshalb sollten sie erkannt, angesprochen und anerkannt werden.

3. Entscheidungsmöglichkeiten (Optionen) zum beiderseitigen Vorteil entwickeln!

   Dabei ist die Annahme, dass es nicht „die" richtige Lösung des Problems gibt und dass der zu verteilende „Kuchen" nicht notwendigerweise begrenzt sein muss, sehr hilfreich. Außerdem sollte das Hauptanliegen der anderen Seite ausdrücklich berücksichtigt werden.

4. Neutrale Beurteilungskriterien entwickeln und anwenden, an denen sich das Verhandlungsergebnis messen lässt!

[59] Vgl. Fisher/Ury/Patton, 2013

GRUNDELEMENTE EINER GUTEN BEZIEHUNG	STRATEGIE ZUR VERBESSERUNG DER BEZIEHUNGEN
1. VERNUNFT UND EMOTIONEN INS GLEICHGEWICHT BRINGEN	· versuchen, eigene und fremde Emotionen zu erkennen, anzuerkennen und zum Ausdruck zu bringen · auf emotionale Ausfälle der anderen Seite nicht mit gleichen Mitteln reagieren · versuchen Emotionen mit Vernunft auszugleichen
2. DIE ANDEREN VERSTEHEN	· versuchen, die anderen zu verstehen und · sich in deren Lage zu versetzen, · Verständnis für sie aufzubringen und · vermeintliche Absichten der anderen nicht aus eignen Bedürfnissen abzuleiten
3. FUNKTIONIERENDE KOMMUNIKATION	· versuchen, für die anderen ein offenes Ohr zu haben · eindeutig und deutlich sagen, worum es einem geht · aktiv zuhören und Rückmeldungen geben · über sich selbst sprechen und nicht über die (vermuteten) Absichten der anderen
4. VERTRAUENSWÜRDIG SEIN	· versuchen, die anderen nicht zu täuschen, · keine Entscheidungen fällen, die auch die anderen betreffen, ohne vorher mit ihnen Rücksprache zu halten · die andere Seite am Verhandlungsprozess und bei der Problemlösung beteiligen
5. LIEBER ÜBERZEUGEN, ALS DRUCK AUSÜBEN	· versuchen, die anderen nicht unter Druck zu setzen · versuchen, dem Druck der anderen nicht nachzugeben · offen sein für überzeugende Argumente
6. SICH GEGENSEITIG AKZEPTIEREN	· versuchen, die anderen und ihre Interessen ernst zu nehmen · sich mit ihnen auseinander zu setzen · bereit sein, sie anzunehmen und von ihnen zu lernen

8.5 Wie läuft eine Mediation ab?

Mediation ist ein außergerichtliches Konfliktlösungsverfahren, in dem die Konfliktparteien mit Hilfe einer neutralen Person (Mediator/in) im direkten Gespräch miteinander eigene Entscheidungen entwickeln und verbindlich beschließen.[60] Mediationsansätze wollen die Betroffenen auch in schwierigen Konfliktsituationen zu eigenen Entscheidungen befähigen. Bei Mediation geht es um Einsicht – nicht um Rechthaberei. Es gibt keine Verlierer:innen. Beide Parteien können im konstruktiven Gespräch nur gewinnen (sog. Win-win-Lösungen). Mediation ist vornehmlich eine verbale Methode. Das bedeutet, dass das *Sich-Mitteilen* (Fakten und Gefühle) und das *gegenseitige Zuhören* eine wichtige Rolle spielen. Die Aufgabe des/der Mediator:in besteht darin, mit geeigneten Kommunikations- und Verhandlungstechniken den Verständigungsprozess der Beteiligten zu fördern, zu führen und eine Klärung der Streitpunkte durch die Konfliktpartner:innen herbeizuführen. Der/die Mediator:in ist dafür verantwortlich, dass dies in richtiger Weise geschieht und tatsächlich die richtigen Konfliktpunkte herausgearbeitet werden.

Grundannahmen der Mediation

1. Konflikt ist gesund, ungelöste Konflikte sind gefährlich.
2. Die Lösung des Konflikts ist oft deshalb so schwierig, weil die Beteiligten bei der Problemlösung in eine Sackgasse geraten sind. Sie wollen den Konflikt lösen, wissen aber im Moment nicht wie.
3. Die Beteiligten können bessere Entscheidungen in ihrem Konflikt treffen als eine unbeteiligte Autorität (z.B. ein/e Richter:in).
4. Die Konfliktlösung wird meist durch starke negative Emotionen erschwert oder gar blockiert, deshalb müssen die mit dem Konflikt verbundenen Gefühle bearbeitet und in die Konfliktlösung integriert werden.

---

[60] Es gibt nicht „die" Mediation. Vielmehr wird mit „Mediation" das hier beschriebene Grundverfahren bezeichnet, in das eine Vielzahl von Ansätzen aus der Psychotherapie, der Systemischen Therapie, der Konflikt- und Kommunikationswissenschaft und der Humanistischen Psychologie eingeflossen sind. Auch die oben vorgestellten Ansätze von Gordon und das Harvard-Konzept flossen in die Mediation und ihre Prinzipien mit ein. Einen guten Überblick gibt das „Handbuch Mediation" (Haft/v. Schlieffen/ Bamberger, 2016).

5. Konfliktlösungen, die durch eigene Entscheidungen gefunden und vereinbart wurden, sind tragfähiger als erzwungene oder von außen diktierte Konfliktlösungen. Die Konfliktparteien fühlen sich selbst für das Ergebnis verantwortlich.
6. Der neutrale, vertrauensvolle und nicht-therapeutische Charakter der Mediationssitzung ermutigt zur Teilnahme.
7. Die Erfahrungen aus der erfolgreichen Konfliktlösung unterstützen einen Lernprozess, der die Konfliktlösungsfähigkeit der Beteiligten verbessert.

Kennzeichen der Mediation

Eigenverantwortung und Autonomie

Die Konfliktparteien besitzen selbst die größte Kompetenz, ihren Streit zu lösen. Sie erarbeiten in eigener Verantwortung eine für sie maßgeschneiderte Lösung. Der/die Mediator:in hat keine eigenen Entscheidungskompetenzen.

Offenheit und Informiertheit

Da die Mediation die Eigenverantwortung der Konfliktpartner:innen in den Mittelpunkt stellt, ist es wichtig, dass die Beteiligten alle Tatsachen offen legen, die für die Lösung des Konflikts in der Mediation erheblich sind. Der/die Mediator:in achtet darauf, dass sich die Konfliktpartner:innen zu allen Detailfragen des zu lösenden Konflikts informieren, indem sie ggf. den Rat eines/einer Expert:in einholen.

Neutralität und Allparteilichkeit

Der/die Mediator:in setzt sich für die Interessen aller Konfliktpartner:innen ein. Es/sie ist also nicht nur neutral, sondern sozusagen „allparteilich". Er/sie begibt sich nicht auf die Seite einer Konfliktpartei, sondern nimmt die verschiedenen Sichtweisen gleichwertig und gleichmäßig wahr.

Freiwilligkeit

Die Mediation ist ein freiwilliges Verfahren. Jede Seite kann sie zu jedem Zeitpunkt ohne Begründung abbrechen.

Vertraulichkeit

Fakten, welche die Mediant:innen im Verlaufe der Mediation offengelegt haben, dürfen nicht Dritten offenbart noch in einem gerichtlichen Verfahren gegen eine/n der an der Mediation Beteiligte/n verwendet werden. Die Konfliktpartner:innen vereinbaren zu Beginn einer Mediation vertraglich, die Vertraulichkeit zu wahren und nur gemeinsam den/die Mediator:in von der Schweigepflicht zu entbinden.

SCHRITTE DES VERFAHRENS	
VORPHASE	Kontaktaufnahme und Terminvereinbarung
EINLEITUNG	Klärung der Regeln (z.B. Vertraulichkeit, Offenheit, keine Angriffe auf den/die Konfliktpartner:in, Gesprächsleitung durch Mediator:in ...)
MEDIATIONS-GESPRÄCH	**1 Problem definieren** „Was ist geschehen? Was haben Sie erlebt? Wie ist es Ihnen ergangen?" Jede/r kann den Konflikt aus der eigenen Perspektive darstellen, die andere Seite darf dabei nicht unterbrechen **2 Gefühle ausdrücken** „Was löste der Streit in Ihnen aus? Wie haben Sie sich gefühlt?" **3 Problemlösung** (Wahlmöglichkeiten schaffen und Lösungsmöglichkeiten sammeln) „Was soll jetzt daraus werden? Was wünschen Sie sich? Wie sähe die beste Lösung aus? Wie wollen Sie Ihre Beziehung in Zukunft gestalten?" Brainstorming gemeinsamer Lösungsideen **4 Übereinkunft** „Was können Sie tatsächlich tun? Was erwarten Sie von Ihrem Gegenüber? Wozu sind Sie beide bereit?" Realistische Möglichkeiten der Umsetzung finden, die schriftlich festgehalten und von den Konfliktparteien unterschrieben werden
UMSETZUNG UND PRÜFUNG	Termin für die gemeinsame Überprüfung der Umsetzung der Vereinbarungen festlegen

Teil 9

Wie kann ich Gesprächsführung und
Konfliktbewältigung üben?

Wie bereits beschrieben, kann man Gesprächsführung nur im Führen von Gesprächen lernen! Wie Kompass und Karte beim Bergwandern können Gesprächstechniken in Kommunikationssituationen durchaus gute Orientierung(en) dafür geben. So wie Kompass und Karte aber nicht den Weg gehen können, sondern die Wandernden das schon selbst tun müssen, so können auch Gesprächstechniken immer nur eine Hilfestellung und Orientierung sein. Besonders deutlich wurde, dass die Frage, wie hilfreich diese Hilfestellung dann tatsächlich wird, sehr stark von der *Haltung* abhängt.

Das gilt für Gesprächsführungstechniken ebenso wie bei Konfliktlösungsverfahren: Spulen Lernbegleiter:innen lediglich die einzelnen Schritte der Verfahrens ab, schaffen es jedoch nicht, dabei eine dialogische, wohlwollende, empathische Haltung einzunehmen, so werden sicherlich auch kein gutes und lernförderliches Gespräch und keine tragfähige Konfliktlösung gelingen.

Nochmals: Kommunikative Kompetenzen (die zu gelingendem Lernen und Konfliktlösung beitragen), deren Kern eine dialogische Haltung (s. Kap. 3.3) ist, können – wie jede Kompetenz – nur im Tun entstehen. *Die entscheidende Folge:* Wie man in einer entsprechenden Haltung kommunizieren kann, kann man also nur in der Realsituation der Gesprächsführung für sich selbst herausfinden und im Tun „er-üben".[61]

Eine Möglichkeit für dieses Erüben im Tun liegt in kleinen eigenen Lernprojekten, die man sich als Aus- oder Weiterbildende:r vornimmt.[62] Zum Beispiel kann man sich gezielt fragen:[63]

Vor dem Gespräch
- Welche Gespräche stehen in nächster Zeit an?
- Welche dieser Gespräche sind für mich herausfordernd und warum?
  Kann ich in diesen Gesprächen Aspekte der Gesprächsführung oder Konfliktlösung ausprobieren, die ich in diesem Essential kennenlernen konnte?
- Wie gehe ich das an?

- Was brauche ich zur Vorbereitung? (Welche Ansätze sollte ich mir dafür anschauen? Mit wem kann ich mich ggf. auch vorab austauschen? Was muss ich vielleicht noch erkunden und herausfinden und wie kann ich das tun?)
- Welche weitere Unterstützung brauche ich? (Lasse ich mich z.B. selbst dabei lernbegleiten im Sinne einer Lernpartnerschaft mit einem/einer Kolleg:in?)

Im Gespräch

- Worauf will ich im Gespräch besonders achten? (z.B. etwas, in dem ich mich noch unsicher fühle, das ich aber lernen will)
- Wie werde ich darauf aufmerksam? Worauf achte ich, wenn ich mich selbst im Gespräch beobachte? Z.B. woran merke ich, dass ich wieder in alte Gesprächsmuster verfalle? Wie achte ich darauf? (Man kann sich sozusagen *blicklenkende Fragen* für das Tun überlegen)

Nach dem Gespräch

- Welche Erfahrungen habe ich gemacht? Wie ging es mir damit?
- Wie bewerte ich meine Erfahrungen? Was habe ich dabei gelernt?
- Welche „Quellen" nutze ich, um meine Erfahrungen zu bewerten und meine Lernerträge zu erkennen? (z.B.: Von wem kann ich mir Feedback einholen? Das können der/die Gesprächspartner:in oder auch andere Beteiligte sein).
- Was möchte ich beim nächsten Mal anders machen?
- Was möchte ich noch bzw. als Nächstes lernen in der Gesprächsführung?

---

[61] Vgl. Schrode, 2018: S. 21

[62] Eine „Sprache der Lernbegleitung" zu entwickeln, ist als „eine sehr herausfordernde, aber zugleich auch sehr spannende und lohnenswerte Aufgabe für Ausbilder/innen zu sehen. Eine Aufgabe, die jede Ausbilderin und jeder Ausbilder für sich als selbstorganisierte arbeitsintegrierte Weiterbildung betreiben kann und die zugleich das Potenzial hat, zu ihrer bzw. seiner Persönlichkeitsentwicklung beizutragen" (Schrode, 2018: S. 21).

[63] In Anlehnung an: Schrode, 2018: S. 21f.

Teil 10

EXKURS
Lernprozessbegleitung

Vor mehr als 30 Jahren wurde in der GAB München im Rahmen von Modellversuchen ein Instrument entwickelt, das Lernende bei dem Erwerb von (beruflichen) Handlungskompetenzen unterstützt. Dies war die Geburtsstunde der Lernprozessbegleitung und der Beginn einer kontinuierlichen Beschäftigung mit diesem Thema in der GAB. Die Lernprozessbegleitung wurde seither fortwährend weiterentwickelt, konkretisiert und an unterschiedliche Rahmenbedingungen angepasst.

Die Methode der Lernprozessbegleitung

Die Lernprozessbegleitung zielt auf die Entwicklung von Handlungskompetenzen durch die Begleitung arbeitsintegrierter Lernprozesse. Die konkrete Ausgestaltung der Lernprozessbegleitung kann unterschiedliche Formen (z.B. 6 Schritte für die Lernprozessbegleitung in der Ausbildung[64]) annehmen. Die hier aufgeführten Aspekte bilden das für den Ansatz gültige *Rückgrat* der Lernprozessbegleitung.

Kompetenz entsteht durch Erfahrung – Man lernt zu tun, indem man tut

Indem Lernende in Situationen begleitet werden, in denen sie in ihrem Arbeitskontext/ an ihrem Arbeitsplatz/ mit echten Kund:innen/ Maschinen/ Aufträgen handeln, werden sie mit echten Entscheidungssituationen konfrontiert und entwickeln durch ihr Handeln in eben diesen Situationen Handlungskompetenzen.

So viel Struktur wie nötig, so viel Freiraum wie möglich – die Gestaltung arbeitsintegrierter Lernprozesse

Die Ergebnisse der neueren Motivationsforschung (z.B. Deci & Ryan, Csikszentmihalyi) zeigen deutlich, dass sowohl Autonomie als auch das Gefühl von Kompetenz (das Gefühl, etwas erreichen zu können) wichtige Faktoren zur Motivation darstellen. Jede/r Lernende braucht diese beiden Faktoren jedoch in einer individuellen Dosierung. Eine optimale Lernumgebung muss daher so viel Freiraum wie möglich gewähren (Autonomie) und gleichzeitig so viel Struktur wie nötig anbieten, damit die Aufgabe am Ende auch gelingt. Es hat sich gezeigt, dass die Lernprozessbegleitung als Instrument zur Dosierung von Freiraum und Struktur diesen Spagat leisten kann. Beispielsweise durch Erkundungsaufgaben, die Lernende bei der selbstständigen Planung und Vorbereitung sowie gedanklichen Durchdringung einer bestimmten Arbeitsaufgabe unterstützen.

(Lern-)Gespräche als das Herzstück der Lernprozessbegleitung

Lerngespräche dienen dazu, das Lernanliegen und die Lernaufgabe zu konkretisieren, relevante Vorerfahrungen festzustellen und die Aufgabe so zu arrangieren, dass eine selbstständige Vorbereitung möglich wird. Darüber hinaus finden im Rahmen von Lerngesprächen die Auswertung bzw. Reflexion der Erfahrungen statt, die entlang der Aufgabe gemacht wurden. Ohne diese Reflexion findet kein Kompetenzlernen statt. In den Gesprächen arbeiten die Lernbegleitenden mit Fragen, hören aktiv zu und spiegeln Beobachtungen.

Die Haltung des/der Lernprozessbegleiter:in –
Der Unterschied, der den Unterschied macht

Lernbegleiter:innen brauchen eine Reihe von Kompetenzen. Dazu gehören Empathie, Umgang mit offenen Handlungssituationen und Selbstreflexionsfähigkeit. Selbstverständlich brauchen sie auch pädagogisches Fachwissen und Methoden. Aber am wichtigsten ist ihre Haltung den Lernenden gegenüber: „Kann ich meine Lernenden wirklich loslassen? Traue ich ihnen zu, die Aufgabe zu schaffen, auch wenn sie an Hindernisse stoßen? Bin ich in der Lage abzuwägen, wie viel Struktur und wie viel Freiraum jede/r Einzelne benötigt? Kann ich mich zurücknehmen und beobachten, ohne einzugreifen? Kann ich eine gute Beziehung aufrechterhalten, auch wenn ich das Verhalten meiner/meines Lernenden nicht billige?"

Lernprozessbegleiter:innen begegnen den Lernenden auf Augenhöhe, verhalten sich partnerschaftlich und respektieren die Individualität der Lernenden und der jeweiligen Lernprozesse. Fehler werden als Lernchance wahrgenommen. Lernprozessbegleiter:innen halten sich zurück und belehren nicht, sondern beobachten und fragen mehr als dass sie sagen. Sie haben Vertrauen in die Lernenden und in den jeweiligen Lernprozess.

---

[64] Siehe hierzu „Kompass" und „Begleitheft für die Lernprozessbegleitung in der Ausbildung" unter www.gab-muenchen.de

Teil 11

Literaturverzeichnis

Brater, Michael (2011): Markanter Rollenwandel beim betrieblichen Ausbildungspersonal. Denk doch mal. 3. Verfügbar unter: http://denk-doch-mal.de/wp/michael-brater-markanter-rollenwandel-beim-betrieblichen-ausbildungspersonal/ [15.07.2020]

Bauer, Hans G. / Brater, Michael / Rudolf, Peter / Wagner, Jost (2008): Qualifikationsbedarf des betrieblichen Bildungspersonals. Mskpt. München.

Bauer, Hans / Schrode, Nicolas (2018): Sprache und Kommunikation in der beruflichen Aus- und Weiterbildung. Ein Blick aus der Ausbildungsforschung. In: Efing, Christian / Kiefer, Karl-Hubert (Hrsg.): Sprache und Kommunikation in der beruflichen Aus- und Weiterbildung. Ein interdisziplinäres Handbuch. Tübingen.

Buschmeyer, Jost (2015): Kompetenzlernen und Lernprozessbegleitung – eine Einführung. München: GAB München. Onlinepublikation. http://www.ausbilder-weiterbildung.de/de/downloads/buschmeyer_kompetenzlernen_lernprozessbegleitung.pdf. [15.07.2020]

Buschmeyer, Jost / Hartmann, Elisa / Kleestorfer, Nathalie (2017): Sich verstehen und wirksam lernen in der Einarbeitung. Mit Blick auf vielfältige Hintergründe neuer Mitarbeitenden. Onlinepublikation. https://www.gab-muenchen.de/de/downloads/gab_eiku_comic_2017_es.pdf. [09.03.2021]

Erpenbeck, John / von Rosenstiel, Lutz / Grote, Sven / Sauter, Werner (Hrsg.) (2017) Handbuch Kompetenzmessung. Erkennen, verstehen und bewerten von Kompetenzen in der betrieblichen, pädagogischen und psychologischen Praxis. 3., überarbeitete Auflage. Stuttgart.

Fisher, Roger / Ury, William / Patton, Bruce M. (Hrsg.) (2013): Das Harvard-Konzept. Der Klassiker der Verhandlungstechnik. 24. Auflage. Frankfurt am Main / New York.

GAB München (2016): Thesen zum Lernen. Verfügbar unter: https://www.gab-muenchen.de/de/downloads/2016-11-08%20lernthesen_v5_final.pdf. [08.07.2020]

Gaus, Detlef / Drieschner, Elmar (2012): Prozessqualität oder pädagogische Beziehungsqualität? Erörterungen aktueller Qualitätsdiskurse im Spiegel personaler Pädagogik. Soziale Passagen, 4, S. 59-74.

Glasl, Friedrich (1997): Konfliktmanagement. Ein Handbuch für Führungskräfte, Beraterinnen und Berater. 5., erweiterte Auflage. Bern / Stuttgart.

Glasl, Friedrich (2013): Konfliktmanagement. Ein Handbuch für Führungskräfte, Beraterinnen und Berater. 11. Auflage. Bern / Stuttgart.

Gordon, Thomas (2002): Die neue Beziehungskonferenz. München.

Haft, Fritjof / von Schlieffen, Katharina / Bamberger, Heinz Georg (2016): Handbuch Mediation. 3., vollständig neubearbeitete Auflage. München.

Hattie, John (2013): Lernen sichtbar machen. Baltmannsweiler.

Hunter, Regina (2011): Minimal lernen. Bern.

Juul, Jesper (2016): Die kompetente Familie: Neue Wege in der Erziehung. München.

Kabat-Zinn, Jon (1982): An outpatient program in behavioral medicine for chronic pain patients based on the practice of mindfulness meditation: Theoretical considerations and preliminary results. General Hospital Psychiatry, 4, S. 33-47.

Kahl, Reinhard (2004): Treibhäuser der Zukunft. Wie in Deutschland Schulen gelingen., 3-DVD-Set mit Booklet.

Luhmann, Niklas / Jahraus, Oliver (2001): Aufsätze und Reden. Stuttgart.

Maurus, Anna / Brater, Michael / Ackermann, Stefan / Elsäßer, Peter / Hartmann, Elisa / Hepting, Sigrid / Juraschek, Stephanie / Lang, Rolf (2016): Menschen entwickeln Qualitäten: Qualitätsmanagement nach dem GAB-Verfahren: ein Leitfaden für pädagogische und soziale Arbeitsfelder. 7., vollständig überarbeitete Auflage. Bielefeld.

Maurus, Anna / Schrode, Nicolas / Brater, Michael (2016): Die Graswurzel-QES: Ausbildungsprozessintegrierte Qualitätsentwicklung und -sicherung in kleinen und mittleren Betrieben. In: Schemme, Dorothea / Pfaffe, Peter: Beteiligungsorientiert die Qualität der Berufsausbildung weiterentwickeln. Ausbildung in kleinen und mittleren Betrieben. Bonn. S. 99-113.

Patrzek, Andreas (2016): Systemisches Fragen: professionelle Fragetechnik für Führungskräfte, Berater und Coaches. 2. Auflage. Wiesbaden.

Reinmann-Rothmeier, Gabi / Mandl, Heinz (2001): Unterrichten und Lernumgebungen gestalten. In: Krapp, Andreas / Weidenmann, Bernd (Hrsg.): Pädagogische Psychologie. Ein Lehrbuch. S. 601-646). Weinheim.

Rogers, Carl (1991): Person-zentriert. Grundlagen von Theorie und Praxis. Mainz.

Rogers, Carl (2000): Entwicklung der Persönlichkeit. Psychotherapie aus der Sicht eines Therapeuten. 13. Auflage. Stuttgart.

Rosenberg, Marshall B. (2013): Gewaltfreie Kommunikation. 11. überarb. und erw. Auflage. Paderborn.

Solga, M. (2008): Konflikte in Organisationen. In F. W. Nerdinger, G. Blickle, & N. Scharper (Hrsg.): Arbeits- und Organisationspsychologie (S. 121-134). Heidelberg: Springer

Schrode, Nicolas (2017): Graswurzel Qualitätsentwicklung und -sicherung. Beispiel 2. Abschnitt im Beitrag von Schemme, Dorothea / Schrode, Nicolas / Weber, Christel: Qualitätssicherung in der betrieblichen Berufsausbildung – ein Bundesprogramm mit nachhaltiger Wirkung in der betrieblichen Praxis. In: Cramer, Günter / Dietl, Stefan F. / Schmidt, Hermann / Wittwer, Wolfgang (Hrsg.): Ausbilder-Handbuch. Köln. S. 75-82.

Schrode, Nicolas (2018): Die Sprache der Lernbegleitung. Anders miteinander reden – kompetenzorientiert Ausbilden. In: Cramer, Günter / Dietl, Stefan F. / Schmidt, Hermann / Witter, Wolfgang (Hrsg.): Ausbilder-Handbuch. 206. Aktualisierungslieferung. Köln. S. 125-147.

Schulz von Thun, Friedemann (1981): Miteinander reden: Störungen und Klärungen: Psychologie der zwischenmenschlichen Kommunikation. Reinbek bei Hamburg.

Schrader, Lutz (2012): Was ist ein Konflikt? Bundeszentrale für politische Bildung. Onlinepublikation. https://www.bpb.de/internationales/weltweit/innerstaatliche-konflikte/54499/konfliktdefinition. [08.07.2020]

Watzlawick, Paul / Beavin Bavelas, Janet / Jackson, Don D. (1969): Menschliche Kommunikation: Formen, Störungen, Paradoxien. Bern / Stuttgart / Wien.

Wittwer, Wolfgang (2015): Von der Qualifizierung zur Kompetenzentwicklung. In: Cramer, Günter / Dietl, Stefan F. / Schmidt, Hermann / Wittwer, Wolfgang (Hrsg.): Ausbilder-Handbuch. 171. Aktualisierungslieferung. Köln, 1-32.

Teil 12

Übersicht zu Lerninhalten des/der
Geprüften Aus- und Weiterbildungspädagoge:in

Im Folgenden finden Sie eine Übersicht über die Themen des Rahmenlehrplans des/der „Gepr. Aus- und Weiterbildungspädagoge:in", die in diesem Band angesprochen werden.

Lernprozesse und Lernbegleitung

1.   Gestaltung von Lernprozessen und Lernbegleitung

1.3.1.4 Lernbedarfsgespräche führen

1.3.1.6 Lernvereinbarung abstimmen

1.3.1.7 Übergabegespräche führen

1.3.2.1 Lernprozesse unterstützen

2.   Lernpsychologisch, jugend-, erwachsenen- und sozialpädagogisch gestützte Lernbegleitung

2.4   Mit Lernenden angemessen und gewaltfrei kommunizieren, Feedback geben, Konflikte deeskalieren, Konfliktgespräche führen

2.4.1   Interaktion zwischen Lernenden und Lehrenden

2.4.1.1 Grundsätze der Kommunikation berücksichtigen

2.4.1.2 Eigenes Kommunikationsverhalten optimieren

2.4.2   Konfliktlösungen entwickeln

4.   Lern- und Entwicklungsberatung (aus Perspektive der Gesprächsführung: Wie spreche ich mit einem Lernenden?)

4.1   Lernberatung in Bildungsprozessen, insbesondere bei Lernkrisen; Abbruchprophylaxe

4.1.1   Lernberatung

4.1.1.1 Lernberatung als Teil der Lernbegleitung erkennen

4.1.1.2 Lernberatungsgespräche führen